Er was eens een prinses

Bronvermelding

Bij de samenstelling van dit boek en de (soms vrijmoedige) bewerking en herschrijving van de in dit boek opgenomen sprookjes werd gebruik gemaakt van de volgende werken:

Kinder- und Hausmärchen gesammelt durch die Brüder Grimm. Vollständige Ausgabe auf der Grundlage der dritten Auflage (1837). Herausgegeben von Heinz Rölleke.
Deutscher Klassiker Verlag, Frankfurt am Main, 1985.

The Complete Grimm's Fairy Tales.
The Pantheon Fairy Tale & Folklore Library, New York, 1972.

Hans Christian Andersen, *Œuvres*.
Paris, Gallimard, 1997. (Pléiade)

Charles Perrault, *Contes de ma mère l'Oye*.
Paris, 1694.

Ton Dekker, Jurjen van der Kooi & Theo Meder, *Van Aladdin tot Zwaan kleef aan*.
Lexicon van sprookjes: ontstaan, ontwikkeling, variaties.
Sun, Nijmegen, 1997.

A. Aarne en S. Thompson, *The Types of the Folktale.*
A Classification and Bibliography.
Helsinki, 1964.

Daele, Henri van
Er was eens een prinses... De mooiste sprookjes over prinsen en prinsessen

© 2005, Henri van Daele en Davidsfonds Uitgeverij NV
Blijde-Inkomststraat 79-81, 3000 Leuven
Illustraties: Thé Tjong-Khing
Vormgeving: Kunstmaan
D/2005/2952/35
ISBN 90 5908 154 4
NUR 277
Trefwoorden: sprookjes, prinsen, prinsessen, fantasie

Alle rechten voorbehouden.
Niets uit deze uitgave mag worden verveelvoudigd,
opgeslagen in een geautomatiseerd gegevensbestand
en/of openbaar gemaakt in enige vorm of op enige wijze,
hetzij elektronisch, mechanisch, door fotokopieën, opnamen
of op enige andere manier zonder voorafgaande
schriftelijke toestemming van de uitgever.

Er was eens een
Prinses

De mooiste sprookjes over prinsen en prinsessen

HENRI VAN DAELE
THÉ TJONG-KHING

Davidsfonds/Infodok

Inhoud

Doornroosje ... 8
De stukgedanste schoentjes ... 13
Het slimme kleermakertje ... 20
De drie spinsters ... 24
Sneeuwwitje en de zeven dwergen ... 28
Pruimen voor de koning ... 36
Repelsteeltje ... 45
Het zingende botje ... 48
De arme molenaarsknecht en de lapjeskat ... 52
De prinses op de erwt ... 56
Raponsje ... 58
De drie slangenbladeren ... 63
Fortunatus ... 67
IJzeren Hans ... 76
Het aardmannetje ... 85
De vliegende koffer ... 91
Hans mijn Egel ... 98
De witte slang ... 105
De twaalf jagers ... 111
De ransel, het hoedje en het hoorntje ... 116
De dromendief ... 122
De drie veren ... 127
De twaalf broers ... 132
De bijenkoningin ... 139
De roetzwarte broer van de duivel ... 143
Assepoester ... 147
De drie gouden haren van de duivel ... 154
De trouwe Johannes ... 161

Doornroosje

Er waren eens een koning en een koningin die zo graag een kind hadden gekregen. Maar wat ze ook probeerden, het wilde maar niet lukken. Op zekere dag, toen de koningin een bad nam, kwam er een kikker uit het water gekropen die zei: 'Wanhoop niet, mooie majesteit. Binnen het jaar zul je een dochtertje hebben!'

En wat de kikker voorspeld had, kwam uit. Want een jaar later werd er inderdaad een prinsesje geboren.

De koning was dolgelukkig en hield een groot feest. In zijn land woonden dertien feeën, maar omdat de koning slechts twaalf gouden borden bezat, nodigde hij maar twaalf feeën uit op het feest. En dat was een treurige vergissing.

Want nadat elf feeën elk op hun beurt hun goede wensen voor het prinsesje hadden uitgesproken en haar schoonheid, geluk, wijsheid en een lang leven hadden beloofd, verscheen opeens de dertiende fee op het feest.

Ze was woedend, omdat de koning haar niet uitgenodigd had. Ze sprak een vreselijke vloek uit over het prinsesje en zei: 'Op haar vijftiende verjaardag zal deze koningsdochter zich prikken aan de spil van een spinnewiel en dood neervallen!'

Alle feeën zwegen geschrokken, maar de twaalfde, die nog geen wens had uitgesproken, trad naar voren en zei: 'Ik kan deze wens niet helemaal ongedaan maken, maar ik kan wel voorkomen dat de prinses sterft. Ze zal zich op haar vijftiende verjaardag inderdaad prikken aan de spil van een spinnewiel. En daarna zal ze honderd jaar slapen. Na die honderd jaar zal er een dappere prins moeten komen, om haar wakker te kussen.'

Het feest was nog niet afgelopen toen de koning het strenge bevel gaf dat in het hele land alle spinnewielen verbrand moesten worden, zonder één uitzondering. En toen dat eenmaal gebeurd was, haalde iedereen opgelucht adem omdat de vloek zo onmogelijk in vervulling kon gaan.

De koningsdochter groeide op in schoonheid en verstand. Ze was nog mooier dan haar moeder en de oogappel van haar vader. De vreugde van haar ouders was zo groot, dat het nare voorval op het geboortefeest weldra vergeten werd. Op de dag dat de koningsdochter vijftien werd, waren de koning en de koningin niet in het paleis en daar maakte de nieuwsgierige prinses gebruik van om rond te neuzen op plekjes waar ze nog nooit was geweest.

Ze liep door de grote zalen, trappen op, trappen af, en na een tijdje kwam ze boven in een toren, waar zich een deur bevond met een verroeste sleutel in het slot.

De deur was duidelijk in geen jaren door iemand opengemaakt. Maar de prinses draaide zonder te aarzelen de sleutel om. Achter de deur was een klein kamertje, waar een oud vrouwtje vlas zat te spinnen.

Het vrouwtje keek met een glimlach naar de verbaasde prinses, die nooit in haar leven een spinnewiel had gezien, en vroeg haar of ze het ook eens wilde proberen.

Maar nauwelijks was de prinses bij het spinnewiel gaan zitten of ze prikte haar vinger aan de ronddraaiende haspel. Meteen viel ze in een diepe slaap en alles en iedereen in het paleis samen met haar.

De ministers die in vergadering waren, de soldaten van de wacht, de dienaren en de geleerden die de wetten schreven, de koks in de keuken en de kamermeisjes die met het beddengoed bezig waren – allemaal vielen ze in slaap op de plaats waar ze stonden of zaten. De paarden in de stallen, de duiven in de duiventil, de kraaien die hoog in de torens woonden – alles wat in het paleis leefde viel in een diepe slaap. Zelfs het vuur in de haard hield op met knetteren. Om het hele paleis heen groeide razend snel een metershoge, dikke doornenhaag. En toen de koning en de koningin 's avonds terugkwamen om op tijd het verjaardagsfeest van hun dochter te vieren, konden ze onmogelijk hun eigen paleis nog in.

Het vreemde verhaal van de prinses, die men Doornroosje was gaan noemen, ging van mond tot mond. De mensen kwamen zich vergapen aan de ondoordringbare haag die om het paleis heen gegroeid was. Talrijke prinsen uit het buitenland beproefden hun geluk en probeerden zich een weg te hakken door de doornen. Maar al hun pogingen bleven vergeefs.

Jaren verliepen. De koning en de koningin leerden nooit echt met hun wrede verdriet te leven en gingen ten slotte dood.

Honderd jaar nadat Doornroosje zich in het torenkamertje geprikt had, bezocht een vreemde prins het land. Toevallig hoorde hij het merkwaardige verhaal van Doornroosje en hij liet zich de weg wijzen naar het betoverde paleis.

De prins was jong en dapper en van geen kleintje vervaard. Hij liet zijn sabel slijpen tot je er een haar mee kon klieven en begon toen in te hakken op de dichte, dikke doornenhaag.

Onder de slagen van zijn sabel kreunde het oude hout, dat in de loop der jaren zo hard als steen was geworden, en de prins zweette na een paar minuten als een otter. Zijn armen werden moe en hij beefde op zijn benen. Maar hij kon niet anders dan vooruitgaan, omdat de haag zich achter hem meteen weer sloot.

Het was laat in de middag, toen hij eindelijk aan de andere kant van de haag stond. Verbaasd keek hij naar de soldaten van de wacht, die staande stonden te slapen. In de gangen en de zalen zag hij lakeien die wel versteend leken, met spinnenwebben in hun pruiken. In de keuken stond een roerloze kok met een hoog opgeheven pollepel. Alleen van de slapende ministers schrok hij niet, want hij had wel vaker ministers in vergadering gezien.

Nadat hij het hele paleis had doorzocht, kwam hij eindelijk boven in het torenkamertje aan. Op het ongesponnen vlas, naast het spinnewiel, lag Doornroosje. O, wat zag ze er lief uit!

De adem in haar borst ging rustig op en neer, haar huid was wit als pas gevallen sneeuw en haar lippen zagen eruit alsof ze net kersen had gegeten.

De prins nam haar voorzichtig in zijn armen en kuste haar. Doornroosje sloeg haar ogen op en keek hem glimlachend aan. 'Mijn prins!' zei ze.

Buiten begon een haan te kraaien en kort daarop luidden alle klokken. De trompetter van de wacht toeterde de andere soldaten wakker en in de vergadering van ministers trok de eerste minister zijn ogen open, keek wat dommig rond en zei: 'Hu? Heren!'

Toen de prins met de prinses de toren uitkwam, was het hele paleis wakker en vol bedrijvigheid en de doornenhaag schrompelde krakend in elkaar.

Kort daarna werd de bruiloft gevierd. En ze leefden nog lang en gelukkig en kregen vele kinderen.

De stukgedanste schoentjes

Er was eens een koning die twaalf dochters had en de ene was al mooier dan de andere. De prinsessen sliepen samen in een grote kamer, waar twaalf bedden naast elkaar stonden. Iedere avond bracht de koning hen naar bed en als ze allemaal goed en wel onder de wol gekropen waren, deed hij de deur van de kamer op slot.

Maar telkens wanneer de koning 's morgens terugkwam om de deur te openen, vond hij onder de twaalf bedden de stukgedanste schoentjes van de prinsessen. De koning stond voor een raadsel en hij werd op de duur zó nieuwsgierig naar wat zijn dochters 's nachts uitspookten, dat hij deed wat koningen in zo'n geval doen. Diegene die hem zou kunnen vertellen waar zijn dochters 's nachts heen gingen om te dansen, zou een van hen tot bruid krijgen. Wie echter na drie dagen en drie nachten niet met een oplossing kwam, zou het leven verliezen.

Het duurde niet lang of er kwam een koningszoon die een oogje had op de jongste dochter en die zijn kans wilde wagen.

De koningszoon kreeg een kamer toegewezen tegenover de slaapkamer van de prinsessen. Hij moest er zien achter te komen waar ze 's nachts heen gingen en om het hem wat gemakkelijker te maken liet de koning de slaapkamerdeur van zijn dochters open.

De eerste nacht was de koningszoon zó moe, dat hij in een loodzware slaap viel. En de volgende morgen waren de schoentjes van de prinsessen stukgedanst. De koningszoon begreep er niets van, want hij was een wakkere jongen. Maar ook de tweede nacht en de derde nacht lukte het hem niet om wakker te blijven. Daarmee had hij zijn kans verkeken en zonder pardon werd hem het hoofd afgehakt.

Na hem kwamen er nog veel meer kandidaten, maar geen van hen slaagde erin het raadsel op te lossen en allemaal schoten ze er het leven bij in.

Op een dag gebeurde het dat een oude soldaat, die in de oorlog gewond geraakt was en de dienst had moeten verlaten, op weg ging naar de stad waar de koning woonde.

Onderweg kwam hij een oud vrouwtje tegen, dat hem vroeg waar hij heen ging. 'Ik zou het niet goed weten', zei de soldaat. 'Misschien ga ik weleens onderzoeken hoe die schoentjes stukgedanst worden.' Dat bedoelde hij eigenlijk als een grapje, maar de oude vrouw zei ernstig: 'Dat is niet zo moeilijk. Je moet er alleen zorg voor dragen dat de prinsessen je niet dronken voeren!'

'O, zo', zei de soldaat.

De oude vrouw opende haar tas en haalde er een manteltje uit. 'Als je dit omslaat,' zei ze, 'word je onzichtbaar en kun je de prinsessen ongemerkt volgen.' De soldaat bedankte de oude vrouw en trok naar het paleis, waar hij zich aanmeldde als kandidaat. Meteen werd hij in koninklijke kleren gestoken en 's avonds werd hij naar de kamer gebracht tegenover de slaapkamer van de prinsessen.

Het was al laat toen de oudste prinses de kamer van de soldaat binnenkwam met een beker wijn. Maar de soldaat had een spons onder zijn kin gebonden en liet de wijn daarin lopen, zonder ook maar één druppel te drinken. Daarna deed hij of hij onderuitzakte in zijn stoel en hij begon zwaar te snurken.

Even later sprongen alle prinsessen uit hun bed en ze hadden veel pret. 'Alweer een vogel voor de kat!' zei de oudste. 'Ze trappen er telkens weer in!'

De prinsessen gooiden grote kleerkasten open, waarin prachtige kleren hingen, en maakten zich op voor een schitterend feest. De soldaat loerde door zijn oogharen naar hen en niets van wat ze deden ontging hem.

Toen de prinsessen eindelijk klaar waren om weg te gaan, schopte de oudste tegen de rand van haar bed. Het bed kantelde weg en er werd een ruime opening in de vloer zichtbaar met een stenen trap die naar beneden liep.

Toen alle prinsessen verdwenen waren, sloeg de soldaat vlug het manteltje om, sloop naar de trap en begon hem af te dalen. Het duurde niet lang voor hij de prinsessen had ingehaald. De jongste liep achteraan en per ongeluk trapte de soldaat op de sleep van haar jurk.

Ze keek geschrokken achterom, maar de soldaat was onzichtbaar voor haar.

'Er trapt iemand op mijn jurk!' riep ze.
'Onzin!' zei de oudste, die voorop liep. 'Hier is toch niemand? Je bent zeker blijven haperen aan een haak!'

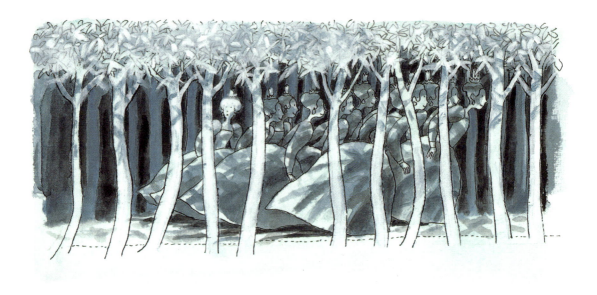

Beneden aan de trap kwam de soldaat met de twaalf prinsessen in een prachtige laan met bomen die zilveren bladeren droegen. De soldaat, die bewijsstukken wilde verzamelen, brak van een van de bomen een takje af. Dat veroorzaakte een oorverdovend gekraak, waar hij zelf van schrok.
'Hebben jullie die knal gehoord?' vroeg de jongste verschrikt.
'Domme gans!' zei de oudste. 'Dat was een saluutschot, om ons te verwelkomen!'
Daarna kwamen ze in een laan met bomen die gouden bladeren droegen en vervolgens in een laan met bomen waar de bladeren van diamant waren. En telkens brak de soldaat ook daar een tak van af. De jongste prinses kreeg het van al dat lawaai op haar zenuwen, maar de oudste zei boos: 'Als je zo blijft jammeren, gaan we wel naar het bal zonder jou!'
De soldaat en de twaalf prinsessen trokken verder en kwamen bij een groot water waarop twaalf scheepjes ronddobberden, voor elke prinses een. In elk scheepje zat een wondermooie prins te wachten om zijn geliefde over te roeien.

Aan de overkant van het water rees een schitterend verlicht slot op en daar gingen de prinsessen heen.

Toen de scheepjes van wal staken, sprong de soldaat aan boord van het scheepje waarin de jongste prinses zat. De prins die aan de riemen zat, zei: 'Vreemd, hoe zwaar geladen dit scheepje vannacht wel lijkt!'

Maar de jongste prinses, die bang was dat haar oudste zuster weer zou gaan kijven, zei: 'Dat komt misschien wel door de warmte!'

Aan de overkant van het water gingen de prinsessen en de prinsen het kasteel binnen en daar, in een grote zaal, speelde een orkest ten dans. De soldaat amuseerde zich kostelijk. Vaak danste hij met een koppeltje mee en als er iemand een beker wijn bestelde, dronk hij die meteen uit.

De prinsessen dansten tot drie uur in de nacht en toen waren hun schoentjes stukgedanst en wilden ze gaan slapen. Ze werden overgeroeid door de prinsen en liepen geeuwend door de lanen met bladeren van diamant, goud en zilver. Toen ze de trap wilden opklimmen, snelde de soldaat hen vlug vooruit. Bliksemsnel ging hij op zijn eigen bed liggen en toen de prinsessen eindelijk te voorschijn kwamen, lag hij te snurken als een os.

'Wat heb ik je gezegd?' vroeg de oudste prinses. 'Een vogel voor de kat, net als die andere sukkelaars!'

En toen kropen alle prinsessen in bed.

De volgende morgen had de soldaat met zijn bewijsstukken naar de koning kunnen gaan. Maar dat deed hij niet, want hij had nog twee nachten de tijd en hij vond het bal op het kasteel wel gezellig.

De volgende nacht en de nacht daarna ging hij opnieuw met de prinsessen mee en de derde nacht stal hij in het kasteel een gouden beker, als bijkomend bewijs.

De ochtend na de derde nacht werd de soldaat bij de koning geroepen. Of hij wist waar de prinsessen 's nachts hun schoentjes stukdansten?

'Ja zeker wel!' zei de soldaat. En hij vertelde van de trap, de mooie lanen met de bomen, het water en de twaalf prinsen, het kasteel. En om zijn woorden kracht bij te zetten liet hij zien wat hij had meegebracht.

De twaalf prinsessen stonden aan de deur te luisteren en werden, al naargelang de soldaat met zijn verhaal vorderde, met de minuut zenuwachtiger.

Maar er hielp geen lievemoederen aan. De koning riep zijn dochters binnen, vatte kort samen wat de soldaat hem had verteld en vroeg: 'Wat hebben jullie hierop te zeggen?'

De twaalf prinsessen begrepen dat hun geheim ontdekt was en konden niets anders dan alles toegeven.

Toen vroeg de koning aan de soldaat: 'Wie van mijn dochters wil je tot bruid?'

'Ik ben niet zo jong meer,' zei de soldaat, 'geef mij de oudste maar!'

Nog dezelfde dag werd de bruiloft gevierd en na de dood van de koning zou zijn rijk ten deel vallen aan de soldaat. Maar de prinsen bleven net zoveel dagen betoverd als ze nachten gedanst hadden met de prinsessen. En dat was lang.

Het slimme kleermakertje

Er was eens een mooie prinses die verschrikkelijk trots was. Als er iemand kwam die met haar wilde trouwen, gaf ze hem een raadsel op. Ze beloofde haar leven te zullen delen met wie dat kon oplossen. Maar niemand slaagde er ooit in het raadsel van de prinses op te lossen en diegenen die het vergeefs probeerden, gooide ze spottend het paleis weer uit.

Nu leefden er in dat land drie kleermakers. De twee oudsten waren erg goed in hun vak en dachten dat, als ze zulke fijne steekjes konden maken, ze ook wel even dat raadsel konden oplossen. Het jongste kleermakertje was een kleine spring-in-'t-veld die alles maar liet waaien en die leefde bij de dag.
De twee oudsten zeiden tegen hem: 'We gaan even dat raadsel oplossen, maar

blijf jij maar lekker thuis. Met dat greintje verstand van jou maak je geen enkele kans!'

Maar de kleine liet zich niet van de wijs brengen en zei: 'Wie niet waagt, niet wint!'

Zo trokken ze met z'n drieën naar het paleis van de koning en zeiden tegen de prinses dat ze gekomen waren om het raadsel op te lossen. Want hun verstand was zo spits dat het, zonder er eerst aan te likken, zó door het oog van een naald kon.

De prinses glimlachte zelfverzekerd en zei: 'Ik heb twee verschillende kleuren in mijn haar. Welke kleuren mogen dat wel zijn?'

De oudste keek naar het hoofd van de prinses, dat keurig onder een kapje verborgen zat, en zei luchtig: 'Als het dat maar is! Ik durf wedden dat het om wit en zwart haar gaat. Wat de mensen peper-en-zout noemen!'

'Mis!' zei de prinses.

De tweede kleermaker zei: 'Als het niet wit en zwart is, dan is het beslist bruin en rood, zoals de zondagse jas van mijn vader!'

'Weer mis!' zei de prinses spottend. 'Maar misschien weet die kleine het wel?'

Het derde kleermakertje stapte parmantig naar voren en zei: 'De prinses heeft zilveren en gouden haar op haar hoofd!'

Toen werd de prinses heel bleek en even leek het dat ze zou flauwvallen, want het kleermakertje had de spijker op de kop geslagen!

De prinses kwam langzaam een beetje tot zichzelf en zei: 'Hiermee heb je het pleit nog niet gewonnen, kleermakertje! Beneden in de stal zit een beer in een kooi. Als je bij hem de nacht doorbrengt en morgen levend uit die kooi komt, zal ik met je trouwen!'

Dat was handig van haar. Want ze had helemaal geen zin om met het kleine kleermakertje te trouwen en nog nooit was iemand erin geslaagd om levend uit de klauwen van de beer te komen.

De twee andere kleermakers beklaagden schijnheilig het lot van hun collega, maar de kleine zei opgewekt: 'Die dan leeft, die dan zorgt!'

Dezelfde avond werd het kleine kleermakertje naar de kooi met de beer gebracht. Nauwelijks was de deur achter hem dichtgevallen of de beer wilde naar hem toe komen en hem in een krakende omhelzing nemen. Maar het kleermakertje zei: 'Rustig, rustig, broeder beer! Voor we lief zijn voor elkaar, zullen we eerst een nootje kraken!'

Het kleermakertje ging bedaard op een krukje zitten, haalde een paar noten uit zijn zak, kraakte ze tussen zijn tanden en at met smaak de schelpen leeg.

'Mag ik ook een paar noten?' vroeg de beer gretig.

'Er is genoeg voor ons beiden!' zei het kleine kleermakertje en hij pakte uit zijn zak een paar kiezelstenen en gaf die aan de beer.

Die propte ze gulzig in zijn mond, maar hoe hij het ook probeerde, hij kon de kiezelstenen niet kraken.

'Zo moeilijk is dat toch niet?' vroeg het kleine kleermakertje. Hij pakte opnieuw een handvol noten uit zijn broekzak, kraakte ze en deelde ze eerlijk met de beer, die zei: 'Wat dom van mij! Worden mijn tanden dan zo slecht?'

Nee, dacht het kleine kleermakertje, jij bent alleen maar kippig! Maar dat zei hij niet hardop.

Toen de noten op waren, haalde het kleermakertje een viool onder zijn jas vandaan en begon te spelen, zó mooi, dat de poten van de beer begonnen te kriebelen en hij verlegen een paar danspasjes maakte.

'Goed zo!' zei het kleermakertje.

'Wat zou ik dat ook graag kunnen!' zei de beer. 'Is het moeilijk om viool te spelen?'

'Alles kan geleerd worden', zei het kleermakertje.

'Wil je het mij leren?' vroeg de beer.

Het kleermakertje legde de viool opzij, pakte een van de poten van de beer en zei: 'Hm, je nagels zijn wel érg lang, broeder beer! Daar zal eerst een stukje af moeten!'

Het kleermakertje liet een bankschroef komen en klemde de poten van de beer erin. 'Moet dat echt?' vroeg de beer, wat benauwd.

'Om rustig te kunnen werken wel', zei het kleermakertje en hij trok de klemschroeven nog wat vaster aan.

Toen het kleermakertje geen aanstalten maakte om zijn nagels te knippen, zei de beer: 'Hé, wanneer ga je er eens aan beginnen?'

'Morgen', zei het kleermakertje pront. 'Het wordt nu te donker.' En hij ging in een hoekje van de kooi liggen en viel meteen in slaap.

Tot in haar slaapkamer kon de prinses de hele nacht de beer horen grommen. Dat stemde haar tot grote tevredenheid, omdat ze dacht dat de beer gromde van genoegen, nadat hij het kleermakertje had opgegeten.

Groot was dan ook haar verbazing toen ze de volgende ochtend in de stal een kijkje ging nemen en daar het kleermakertje levend en wel aantrof.

Die zei: 'En nu maar meteen naar de kerk, zeker?'

De prinses kon niet meer onder haar belofte uit komen en liet een koets voorrijden, bespannen met zes paarden, en mooie kleren brengen voor het kleermakertje.

Terwijl ze op weg gingen naar de kerk, slopen de twee andere kleermakers, die jaloers waren op het succes van de kleine, de stal in en maakten de beer los. Die ging direct vol wrok als een pijl uit een boog achter de koets aan.

De prinses zag hem opeens door het achterraampje van de koets naderbij komen en gilde: 'Daar is de beer! Daar is de beer!'

Het kleermakertje ging in de koets vliegensvlug op zijn hoofd staan, stak zijn benen door het raampje en gilde: 'Wil je nóg eens in de bankschroef, broeder beer?'

Toen koos de beer de wijste partij en maakte dat hij wegkwam. En het kleine kleermakertje en de prinses trouwden in de kerk. Daarna placht ze nog menig keer een raadsel voor hem te zijn. Maar dat is het zout in de pap van ieder huwelijk.

De drie spinsters

Er was eens een lui meisje, dat niet wilde spinnen. Wat haar moeder ook probeerde of zei, ze kreeg haar dochter niet aan het werk. Op een dag werd de moeder daar zó boos over, dat ze het meisje een flink pak rammel verkocht – je kon haar tot buiten horen schreeuwen.
Het toeval wilde dat op dat ogenblik de koningin daar voorbijkwam. Ze liep het

huisje binnen en vroeg de vrouw wat er aan de hand was.
'Ach,' zei de moeder, die zich hevig schaamde voor de luiheid van haar dochter, 'het is iedere dag hetzelfde! Ik kan haar maar niet van het spinnewiel afhouden! Dit kind zou de hele dag door spinnen, maar ik ben veel te arm om al het vlas te kopen dat ze nodig heeft!'
Het meisje hoorde dat met grote verbazing aan, maar hield haar mond. En de koningin zei: 'Er is niets dat ik liever hoor dan het gesnor van een spinnewiel. In

mijn paleis heb ik vlas genoeg. Laat haar maar met mij meekomen!'

En zo gebeurde het, dat het meisje met de koningin meeging naar het paleis. De koningin bracht haar naar drie kamers waar het fijnste vlas hoog opgetast lag en ze zei: 'Als je dit allemaal gesponnen hebt, zal ik je mijn zoon tot bruidegom geven! Je bent wel van arme komaf, maar daar zit ik niet mee. Het belangrijkste is dat mijn zoon een vlijtige vrouw krijgt!' En toen ging de koningin weg.

Het luie meisje vond het niet zo'n gek idee om met de prins te trouwen, maar toen ze naar de stapels vlas keek, zonk de moed haar in de schoenen. Ook al had ze driehonderd jaar lang gewerkt van 's morgens vroeg tot 's avonds laat, dan nog zou ze het werk niet hebben afgekregen.

Ze ging naast het vlas in een hoekje zitten en begon bitter te huilen.

Drie dagen lang zat ze daar te snotteren en op de avond van de derde dag kwam de koningin eens kijken.

'Ik dacht dat je zo vlijtig was', zei ze. 'Maar je bent nog niet eens begonnen!'

Het meisje antwoordde dat ze nog moest wennen aan haar nieuwe omgeving en aan het idee zo ver weg te zijn van haar arme moedertje en de koningin geloofde dat. 'Morgen moest je toch maar eens aan de slag', zei ze. 'Je beloning zal navenant zijn!' En toen ging ze weg.

Het meisje was radeloos. Ze ging bij het raam staan en pijnigde haar hersens.

Toen zag ze opeens drie merkwaardige vrouwen naderbij komen. De eerste had een grote platvoet, de tweede een overmaatse onderlip die ver over haar kin hing en de derde had een platte duim. Ze bleven bij het raam staan en vroegen aan het meisje wat er scheelde.

'Ach,' zei het luie meisje, 'hier zijn drie grote kamers waar het vlas tot aan het plafond ligt en dat zou ik allemaal moeten spinnen voor ik met de prins kan trouwen.'

'Als het dat maar is!' zeiden de drie vrouwen. 'Wij zijn ervaren spinsters en we kunnen die klus voor je klaren in een handomdraai!'

'Werkelijk?' vroeg het luie meisje blij. 'Zouden jullie dat echt voor mij willen doen?'

De drie spinsters knikten. 'Op voorwaarde', zeiden ze, 'dat je ons uitnodigt op de bruiloft, dat we mee aan tafel mogen zitten en dat je ons voorstelt als je drie nichten!'

'Afgesproken!' zei het luie meisje en ze liet de drie spinsters binnen.

Die gingen meteen aan de slag. De spinster met de platvoet trapte het wiel, die met de onderlip likte de draad en die met de platte duim draaide hem.

's Avonds, toen de koningin even kwam kijken, verborg het luie meisje vlug de drie spinsters onder het vlas. De koningin was uiterst tevreden en zei: 'Als het zo blijft vooruitgaan, zal ik spoedig werk moeten maken van de bruiloft!'

Nog voor het einde van de week waren de drie spinsters klaar met het vlas in de eerste kamer en dadelijk begonnen ze welgemoed aan de tweede kamer en daarna aan de derde.

Aan het einde van de derde week was de klus geklaard en de drie spinsters namen afscheid van het luie meisje. 'Vergeet je belofte niet!' zeiden ze. 'Wij zijn je drie nichten en we mogen mee aan tafel zitten!'

'Beloofd is beloofd', zei het luie meisje.

Kort daarna werden alle voorbereidselen getroffen voor de bruiloft en het luie meisje vroeg aan de koningin en de prins of ze er bezwaar tegen hadden dat ze haar drie nichten zou uitnodigen.

'Natuurlijk niet!' zeiden de prins en zijn moeder als uit één mond.

Op de dag van de bruiloft verschenen de drie spinsters op het paleis, in een allermerkwaardigste uitdossing. Het luie meisje stelde hen aan de prins voor en zei: 'Dit zijn mijn drie lieve nichten!'

De prins schrok zichtbaar en vroeg aan de eerste spinster: 'Hoe kom je aan zo'n platvoet?'

'Door het trappen van het wiel, hoogheid, door het trappen van het wiel!'

'En hoe kom jij aan die hangende lip?' vroeg de prins aan de tweede spinster.
'Door het likken van de draad, hoogheid, door het likken van de draad!'
'En jij, hoe kom je aan die platte duim?' vroeg de prins aan de derde spinster.
'Door het draaien van de draad, hoogheid, door het draaien van de draad!'
De prins was door deze antwoorden zo ontsteld, dat hij zei: 'Nooit mag mijn lieve bruid nog een spinnewiel aanraken!'
En zo was het luie meisje voor altijd van het spinnen verlost!

Sneeuwwitje en de zeven dwergen

Lang geleden, in een land heel ver hiervandaan, leefde er een mooie koningin. Aan haar geluk ontbrak alleen een kind. Op een winterdag zat de koningin bij het raam te borduren en prikte ze per ongeluk in haar vinger. Ze keek naar de druppel bloed, naar het zwarte raamkozijn en naar de sneeuw die het paleispark toedekte en ze zei: 'Kreeg ik maar een kindje met een huid zo wit als sneeuw, met lippen zo rood als bloed en met haar zo zwart als ebbenhout!'
Een jaar later werd haar wens vervuld en kreeg ze een dochtertje met een huid zo wit als sneeuw, met lippen zo rood als bloed en met haar zo zwart als ebbenhout. Van het eerste ogenblik noemde iedereen haar daarom Sneeuwwitje.
Kort na de geboorte van Sneeuwwitje stierf de koningin en de koning hertrouwde met een mooie, ijdele vrouw die in het geheim de toverkunst beoefende.
De nieuwe koningin bezat een wonderlijke spiegel, waaraan ze vragen kon stellen en vaak vroeg ze hem:
Spiegeltje, spiegeltje aan de wand,
vertel me, wie is er de mooiste van het land?
En dan antwoordde de spiegel steevast:
De mooiste van het land ben jij,
o koningin, ben jij!
Maar het kleine Sneeuwwitje, dat groeide als kool en met de dag mooier werd, gaf op een dag de spiegel dit verrassende antwoord in de mond:
O koningin, de mooiste hier ben jij,
maar Sneeuwwitje is duizend keer mooier dan jij!
De koningin dacht eerst dat er een vergissing in het spel was en vroeg telkens en telkens opnieuw aan de spiegel wie de mooiste van het land was. Maar steevast

antwoordde de spiegel:
O koningin, de mooiste hier ben jij,
maar Sneeuwwitje is duizend keer mooier dan jij!
De koningin werd hier ten slotte zo nijdig om, dat ze een wreed plan bedacht. Als Sneeuwwitje dood zou zijn, zou zij opnieuw de mooiste van het land worden. En ze wilde niets liever dan dat.

Ze liet een jager bij zich komen en gaf hem de opdracht om Sneeuwwitje mee te nemen, diep het bos in, en haar daar te vermoorden. Om er zeker van te zijn dat hij zijn opdracht goed had uitgevoerd, moest hij van Sneeuwwitje de longen en de lever als bewijs meebrengen.

De jager trok met het onschuldige Sneeuwwitje het bos in, maar onderweg kreeg hij medelijden met het mooie meisje en hij zei: 'Je bent in groot gevaar, Sneeuwwitje. Trek verder het bos in, waar niemand je kan vinden en vooral, keer nooit naar het paleis terug!'

En toen Sneeuwwitje tussen de bomen was verdwenen, schoot hij een hinde neer, haalde er de longen en de lever uit en bracht die naar de koningin.

Die beloonde de jager rijkelijk en toen de man verdwenen was, ging ze voor de spiegel staan en vroeg:
Spiegeltje, spiegeltje aan de wand,
vertel me, wie is er de mooiste van het land?
En de spiegel antwoordde:
O koningin, de mooiste hier ben jij,
maar Sneeuwwitje is duizend keer mooier dan jij!
De koningin ontstak in grote woede. Hoe was dat mogelijk?

Wat ze natuurlijk niet wist, was dat Sneeuwwitje die avond in het bos bij een klein huisje was gekomen waar zeven dwergen woonden, die de hele dag in de bergen dolven naar goud en edelstenen.

Toen Sneeuwwitje bij hun huisje kwam, was er niemand thuis. Maar de deur was niet op slot en Sneeuwwitje was zo vrij even naar binnen te gaan.

In de woonkamer stond een tafel gedekt met zeven kleine bordjes en zeven kleine bekertjes en om de tafel stonden zeven kleine stoeltjes. En in de slaapkamer stonden zeven kleine bedjes naast elkaar.

Toen Sneeuwwitje van ieder bordje een stukje had gegeten en van ieder bekertje een slokje had gedronken, voelde ze zich opeens zo moe, dat ze op de bedjes even ging uitrusten.

Toen de dwergen van hun werk kwamen, vonden ze tot hun verbazing Sneeuwwitje, die languit op de zeven bedjes in slaap was gevallen.

Eerst waren de dwergen een beetje boos, maar toen ze Sneeuwwitjes verhaal hoorden, vonden ze het maar beter dat ze bij hen zou blijven wonen om voor het huishouden te zorgen.

De dwergen drukten haar op het hart dat ze overdag niemand mocht binnenlaten, want ze twijfelden er geen ogenblik aan dat Sneeuwwitjes stiefmoeder haar op een dag zou komen opzoeken.

En zo gebeurde het ook.

Want op haar vraag wie de mooiste van het land was, had de spiegel opeens geantwoord:

O koningin, de mooiste hier ben jij!
Maar Sneeuwwitje aan de andere kant van de zeven bergen,
bij de zeven dwergen,
is nog duizend keer mooier dan jij!

De koningin wist genoeg. Ze vermomde zich onherkenbaar als een oude verkoopster van garen en band en trok het bos in, over de zeven bergen, naar de zeven dwergen.

Na een lange tocht kwam ze bij het huisje van de dwergen, klopte aan en riep met een krassende stem: 'Garen en band! Mooie beste waar en niet duur!'

Sneeuwwitje kwam voorzichtig aan het raam kijken en vroeg: 'Dag, lieve vrouw, wat verkoop je dan?'

'Beste rijgkoord voor korsetjes', fleemde de koningin. 'Van de fijnste zijde!'

Sneeuwwitje dacht dat ze deze oude verkoopster wel binnen kon laten en kocht een rijgkoord van gevlochten zijde dat ze erg mooi vond.

'Wil je het niet even proberen?' vroeg de koningin. 'Wacht, laat me je even helpen!'

En toen het nieuwe rijgkoord eenmaal in Sneeuwwitjes korsetje zat, snoerde de koningin het zo hard aan, dat Sneeuwwitje bewusteloos op de grond viel. Grinnikend maakte de koningin zich uit de voeten.

Toen de dwergen van hun werk kwamen, konden ze maar net op tijd het rijg-

koord lossnijden, zo niet was Sneeuwwitje beslist gestikt! Opnieuw bezwoeren ze haar geen vreemden binnen te laten en Sneeuwwitje beloofde voortaan voorzichtiger te zijn.

Ondertussen was de koningin terug thuis en ze kon niet wachten om voor haar toverspiegel te gaan staan.

Spiegeltje, spiegeltje aan de wand,
vertel me, wie is er de mooiste van het land?
En de spiegel antwoordde:
O koningin, de mooiste hier ben jij!
Maar Sneeuwwitje aan de andere kant van de zeven bergen,
bij de zeven dwergen,
is nog duizend keer mooier dan jij!

'Mislukt!' siste de koningin. 'Dat stomme wicht is niet dood. Maar wacht maar, wacht maar!'

Met de heksenkunsten die ze had geleerd, maakte ze een giftige kam en ze vermomde zich opnieuw als een oud vrouwtje. Maar dat zag er heel anders uit dan de verkoopster van garen en band.

En opnieuw trok ze het bos in, over de zeven bergen, naar het huisje van de zeven dwergen. De koningin klopte aan de deur en riep: 'Goede waar en niet duur, goede waar en niet duur!'

Maar Sneeuwwitje was op haar hoede. Ze keek door het raam en riep: 'Ga weg! Ik mag niemand binnenlaten!'

'Kijken kost niets, maar kijken is kopen!' zei de koningin listig. 'Zo'n mooie kam heb je beslist nog nooit gezien!'

Sneeuwwitje keek door het raam en het was precies de kam die ze altijd al voor haar zwarte haar had willen hebben. Dus liet ze de koningin binnen, die zei dat ze de kam wel even kon proberen. Nauwelijks had Sneeuwwitje de kam door haar haar gehaald of het gif deed zijn werk en ze stortte voor dood neer. En de koningin maakte dat ze wegkwam, deze keer zeker van haar zaak.

Toen de dwergen van hun werk kwamen en Sneeuwwitje vonden, dachten ze dat ze dood was. Maar gelukkig vonden ze de kam nog net op tijd en trokken die uit haar haar. Sneeuwwitje sloeg haar ogen op en was erg beschaamd toen de dwergen haar begonnen uit te foeteren. Voor de tweede keer had haar stiefmoeder haar een gemene streek willen leveren. Begreep ze dan niet hoe gevaarlijk dat was? En Sneeuwwitje boog haar hoofd en beloofde voor de tweede keer voorzichtig te zijn.

Intussen was de koningin thuisgekomen en ademloos ging ze voor de spiegel staan.

Spiegeltje, spiegeltje aan de wand,
vertel me, wie is de mooiste van het land?

En de spiegel antwoordde:

O koningin, de mooiste hier ben jij!
Maar Sneeuwwitje aan de andere kant van de zeven bergen,
bij de zeven dwergen,
is nog duizend keer mooier dan jij!

De koningin begon over haar hele lichaam te sidderen en te beven van woede. Ze stampvoette als een waanzinnige en riep: 'Sterven zal ze! Ook al kost het me mijn eigen leven!'

En ze zonderde zich af in haar geheime kamer, om daar een appel met gevaarlijk gif te maken. De appel zag er zo rood en smakelijk uit, dat iedereen er zó in had willen bijten. Maar de koningin wist dat één beet genoeg zou zijn om onmiddellijk dood neer te vallen.

Toen de appel klaar was, vermomde ze zich als een boerenvrouw en zo ging ze over de zeven bergen, naar het huisje van de zeven dwergen.

Sneeuwwitje kwam voorzichtig aan het raam kijken en riep: 'Ik mag voor niemand openmaken. De zeven dwergen hebben mij dat ten strengste verboden!'

'Gelijk hebben ze!' zei de koningin. 'Maar je doet toch niets verkeerds als je een mooie appel van mij aanneemt?'

'Nee,' zei Sneeuwwitje, 'ik mag niets aannemen!'

'Denk je misschien dat hij vergiftigd is?' vroeg de koningin. 'Wacht, ik zal hem in tweeën verdelen. De blozende kant is voor jou en de groene kant zal ik opeten!'

Want de appel was zo slim gemaakt, dat hij alleen aan de rode kant giftig was. Sneeuwwitje keek naar de prachtige rode halve appel en toen ze zag dat de boerin met smaak in de andere helft beet, maakte ze het raam open en nam het rode stuk aan. Maar nauwelijks had ze een hap genomen of ze viel voor dood op de vloer van het huisje.

De koningin lachte luid en riep: 'Wit als sneeuw! Rood als bloed! Zwart als ebbenhout! Nu kunnen zelfs de zeven dwergen je niet meer redden!'

Toen ze thuis voor de spiegel ging staan en vroeg:

Spiegeltje, spiegeltje aan de wand,

vertel me, wie is er de mooiste van het land?

antwoordde de spiegel:

De mooiste van het land ben jij,

o koningin, ben jij!

Toen kreeg het verdorven hart van de koningin eindelijk rust, in zoverre je dat van een verdorven hart kunt zeggen.

Toen de dwergen die avond thuiskwamen, vonden ze Sneeuwwitje op de vloer van hun huisje en er kwam geen adem meer uit haar mond. Ze zochten wanhopig naar iets wat er niet was. Er zat geen kam in haar haar, haar jakje was niet te vast ingesnoerd en ook nergens anders was er een spoor van wat voor gif ook. Ze wasten haar met water en wijn, maar niets hielp. Hun lieve Sneeuwwitje was dood en bleef dood.

Eerst dachten ze eraan om haar te begraven, maar ze zag er zo mooi en zo lief uit, dat ze besloten om haar in een glazen kist te leggen waarin je haar van alle kanten kon zien en waarop ze in gouden letters haar naam schreven.

Toen de kist klaar was, zetten ze haar buiten op de berg en dag en nacht bleef een van de zeven dwergen bij haar de wacht houden. Eén voor één kwamen de dieren van het woud om te huilen om de dood van Sneeuwwitje, eerst een uil, dan een raaf en ten slotte een duifje.

Lange, lange tijd bleef Sneeuwwitje in de glazen kist liggen zonder dat haar lichaam veranderde. Het leek wel of ze sliep.

Toen kwam er op een dag een prins over de zeven bergen en toen hij het wonderlijke verhaal over Sneeuwwitje hoorde, wilde hij de glazen kist zien. Van het eerste moment dat hij Sneeuwwitje zag, werd hij hopeloos verliefd op haar. Hij bad en smeekte de dwergen dat ze hem de kist zouden verkopen. Dan zou ze altijd bij hem kunnen blijven in zijn paleis, ook al was ze dood.

Na lang aarzelen stemden de zeven dwergen met zijn wens in. Maar een van de dienaren van de prins, die de kist op een wagen moesten dragen, struikelde. De kist kantelde en het deksel viel open. De verliefde prins nam Sneeuwwitje in zijn armen en kuste haar op de mond. Ze opende haar ogen, zuchtte diep en keek verbaasd naar de mooie prins en naar de zeven dwergen, die van verbazing en blijdschap geen woord konden uitbrengen.

Het duurde niet lang of in het land van de prins werd de bruiloft gevierd en daarop werden koningen en koninginnen en prinsen en prinsessen en ander mooi volk uitgenodigd van alle buurlanden en van ver daarbuiten. Ook Sneeuwwitjes stiefmoeder kwam, omdat ze dacht dat ze drie keer een onherkenbare vermomming had gebruikt en dat niemand haar zou verdenken. Maar toen ze op het feest verscheen, werd ze meteen gegrepen en een paar ijzeren schoenen werden op een vuur roodgloeiend gestookt. En in die schoenen moest de boze koningin net zo lang dansen tot ze er dood bij neerviel.

Pruinen voor de koning

Er was eens een arme dagloner die drie zonen had en die zo arm was als een luis in een dode hond. Het enige waardevolle wat de dagloner bezat was een merkwaardige pruimenboom. Die stond in het tuintje achter het huis en hij droeg winter en zomer prachtige, sappige vruchten. Iets wat op zijn minst verbazingwekkend mag heten.

Nu wilde het geval dat de koning van het land waar de dagloner woonde op een dag een onweerstaanbare trek kreeg in pruimen, terwijl het toch hartje winter was.

Wat de kok van het paleis ook aan andere lekkere dingen verzon, de koning had nergens trek in, behalve in pruimen.

De toestand werd op de duur zo ernstig, dat de koning overal in het land liet weten dat wie hem een mandje pruimen kon bezorgen, de hand van zijn dochter zou krijgen.

Het koninklijk verzoek kwam ook de dagloner ter ore. Hij was al jaren weduwnaar, maar vond zichzelf te oud om met de prinses te trouwen. Maar als een van zijn zonen de hand van de prinses zou krijgen, was hij zelf ook meteen boven Jan.

Hij riep zijn oudste zoon en zei dat hij een mandje van de sappigste pruimen naar het paleis moest brengen.

De oudste zoon vertrok de volgende morgen bij het ochtendkrieken, want het paleis van de koning lag niet naast de deur.

Nadat hij een paar uur gelopen had, kwam hij een oud mannetje tegen, dat nieuwsgierig naar het mandje keek en vroeg: 'En wat mag daar wel voor lekkers in zitten?'

De oudste zoon dacht: Dat zal ik mooi niet aan je neus hangen! En hij zei: 'Padden!'

'Zo, zo,' zei het mannetje, 'padden! Padden zijn het en padden zullen het blijven!'

Diezelfde dag nog bereikte de oudste zoon het paleis van de koning en toen hij aan de wacht verteld had dat hij pruimen had voor de koning, werd hij onmiddellijk naar de troonzaal gebracht.

'Pruimen?' vroeg de koning verlekkerd. 'Werkelijk?'

De oudste overhandigde hem zelfverzekerd het mandje. Maar toen de koning het opende... sprongen er alleen maar padden uit!

De koning liep purper aan van woede en liet toen de oudste zoon met zijn hebben en houden uit het paleis gooien.

Toen de oudste zoon thuiskwam en zijn verhaal deed, keek zijn vader hem ongelovig aan. 'Padden?' vroeg hij. 'Hoe is dat mogelijk?'

'Ik begrijp er ook niets van', zei de oudste zoon.

Nu liet de dagloner zijn tweede zoon komen en zei hem dat hij de volgende morgen een mandje vol pruimen naar het paleis moest brengen.

De tweede zoon vertrok de volgende morgen bij het ochtendkrieken, want het paleis van de koning lag niet naast de deur.

Nadat hij een paar uur gelopen had, kwam hij een oud mannetje tegen, dat nieuwsgierig naar het mandje keek en vroeg: 'En wat mag daar wel voor lekkers in zitten?'

De tweede zoon dacht: Dat zal ik mooi niet aan je neus hangen! En hij zei: 'Eikels!'

'Zo, zo,' zei het mannetje, 'eikels! Eikels zijn het en eikels zullen het blijven!'

Diezelfde dag nog bereikte de tweede zoon het paleis van de koning en toen hij aan de wacht verteld had dat hij pruimen had voor de koning, werd hij onmiddellijk naar de troonzaal gebracht.

'Pruimen?' vroeg de koning verlekkerd. 'Werkelijk?'

De tweede zoon overhandigde hem zelfverzekerd het mandje. Maar toen de koning het opende... zaten er alleen maar eikels in!

De koning liep purper aan van woede en liet toen de tweede zoon met zijn hebben en houden uit het paleis gooien.

Toen de tweede zoon thuiskwam en zijn wedervaren vertelde, zei de dagloner: 'Er moet onderweg iets met die pruimen gebeurd zijn!'

Maar net als de oudste zoon zweeg de tweede in alle talen over de ontmoeting met het oude mannetje.

Ik heb nog één kans, dacht de dagloner, en dat is mijn jongste zoon. Maar van die jongen had hij nooit een hoge pet op gehad, omdat het een onhandige dromer was. Met enige tegenzin gaf hij hem de opdracht de volgende ochtend op zijn beurt een mandje pruimen naar het paleis te brengen.

De jongste zoon vertrok de volgende morgen bij het ochtendkrieken, want het paleis van de koning lag niet naast de deur.

Nadat hij een paar uur gelopen had, kwam hij een oud mannetje tegen, dat nieuwsgierig naar het mandje keek en vroeg: 'En wat mag daar wel voor lekkers in zitten?'

'Pruimen!' zei de jongste zoon naar waarheid.

'Zo, zo,' zei het mannetje, 'pruimen! Pruimen zijn het en pruimen zullen het blijven!'

'Ik breng ze naar de koning', zei de jongste zoon. 'Wil je er een hebben?'

'Ik wil de koning niet ontrieven', zei het oude mannetje beleefd.

'Ach, op een pruim meer of minder zal het niet aankomen', zei de jongste zoon en hij opende het mandje.

Het oude mannetje zocht er gretig een sappige pruim uit, bedankte de jongste zoon en toen gingen ze elk hun eigen weg.

Diezelfde dag nog bereikte de jongste zoon het paleis van de koning en toen hij aan de wacht verteld had dat hij pruimen had voor de koning, werd hij onmiddellijk naar de troonzaal gebracht.

'Pruimen?' vroeg de koning argwanend. 'Hm! Weet je zeker dat er pruimen in dat mandje zitten?'

'Wat zou er anders in zitten?' vroeg de jongste zoon en hij overhandigde plechtig het mandje aan de koning.

Die kon zijn ogen niet geloven! Pruimen! Wel twintig! Gulzig pakte hij er een en beet erin dat het sap over zijn kin liep. 'Heerlijk, jongen! Heerlijk!'

'Dus dan mag ik je nu vragen om de hand van je dochter?' vroeg de jongste zoon.

De koning bekeek de sjofel geklede jongen van top tot teen en dacht: Mijn dochter voor deze armoedzaaier, in ruil voor een mandje pruimen! Ik ben misschien toch wat te voortvarend geweest! En hij zei listig: 'Dit was het eerste deel van de proef!'

'Wat mag het tweede deel dan wel zijn?' vroeg de jongste zoon beleefd.

'Je moet drie dagen lang buiten mijn konijnen hoeden', zei de koning. 'Twaalf stuks. En elke avond moet je ze alle twaalf weer terugbrengen!'

De jongste begreep dat de koning van een armoedige huwelijkskandidaat wilde afkomen, maar hij zei dapper: 'Ik wil het wel proberen!'

De volgende ochtend werd hij naar een grote weide gebracht en op die weide werden de twaalf konijnen van de koning losgelaten. Ze sprongen en buitelden meteen alle kanten op en de moed zonk de jongen in de schoenen. Hoe zou hij er ooit in slagen om al die beesten vanavond weer te pakken te krijgen?

Hij begon alvast een beetje te oefenen en holde een hele tijd achter de konijnen aan, maar dat was natuurlijk vergeefse moeite.

Ten slotte gaf hij het op en hij dacht: Trouwen met de prinses! Ik zal die droom maar bij de andere zetten! En verdrietig ving hij de terugtocht naar huis aan.

Nauwelijks had hij de weide achter zich gelaten of daar kwam het oude mannetje aan. 'Zo!' zei hij. 'Heb je nog succes gehad met je pruimen?'

'Ach, zwijg!' zei de jongste zoon bitter. 'Nu moet ik ook nog de konijnen van de koning hoeden om met de prinses te kunnen trouwen! Vind jij dat eerlijk?'

'Nee,' zei het oude mannetje, 'dat is niet eerlijk!' Hij tastte in zijn zak en haalde er een zilveren fluitje uit. 'Als je hierop blaast, komen alle konijnen meteen naar je toe!'

'Echt?' vroeg de jongste zoon. 'Hoe kan ik je bedanken?'

'Voor een sappige pruim hoort wat', zei het mannetje. Hij zocht in zijn ransel, haalde er drie lege zakken uit en zei op geheimzinnige toon: 'Misschien kunnen deze je ook nog wel van pas komen!' En toen ging hij zijn eigen weg.

De jongste zoon liep terug naar de weide, zette het fluitje aan zijn mond en blies. En net zoals het oude mannetje voorspeld had, kwamen de konijnen direct naar hem toegelopen!

Die avond bracht hij de twaalf konijnen terug naar het paleis. De koning kwam ze zelf zorgvuldig tellen en toonde zich zeer verbaasd. 'Wel, wel,' zei hij, 'wel, wel!' Hij grijnsde. 'Eens kijken of je ze morgen en overmorgen ook alle twaalf kunt terugbrengen!'

De volgende dag bracht de jongste zijn konijnen naar de wei en het duurde niet lang of de hofmaarschalk kwam eraan, verkleed als boer. Maar de jongen herkende meteen zijn pafferige gestalte.

'Wat een prachtige konijnen!' zei de hofmaarschalk, die zelf een oogje had op de prinses. 'Wil je er geen verkopen? Twaalf is twaalf en elf is bijna twaalf, of niet?'

'Voor tien stokslagen', zei de jongste zoon.

Dat vond de hofmaarschalk, die zelf nogal kwistig stokslagen uitdeelde aan het personeel van het paleis, een beetje veel. Maar hij zei: 'Goed!' Want als de jongen die avond slechts elf konijnen zou terugbrengen, zou hij nooit met de prinses kunnen trouwen.

Dus stroopte de hofmaarschalk zijn broek naar beneden, ging op zijn knieën zitten en de jongen mepte lustig op dat roze achterwerk. Tien keer.

Daarna ving hij een konijn, stopte het in de armen van de hofmaarschalk en keek hoe die hinkend de weide afstrompelde.

Nauwelijks was de hofmaarschalk op weg naar het paleis, toen de jongen het

zilveren fluitje pakte. Hij blies erop en dadelijk sprong het konijn uit de armen van de hofmaarschalk en holde het terug naar de jongen.

De hofmaarschalk bracht verslag uit bij de koning en de prinses, en de koning zei tegen zijn dochter dat ze nu zelf maar tot handelen moest overgaan.

De prinses vermomde zich als een dienstmeid en trok naar de weide.

'Wat een mooie konijntjes', zei ze tegen de jongen. 'Wil je er geen verkopen? Twaalf is twaalf en elf is bijna twaalf!'

'Voor een kus kun je er wel eentje krijgen', zei de jongen, die meteen de prinses had herkend.

De prinses bloosde, keek om zich heen en zei: 'Vooruit dan maar!'

De jongen zoende haar vol op de mond, ze kreeg er zowaar vlinders van in haar buik! En toen ving de jongen een konijn, zette het in haar schort en enigszins overstuur liep de prinses de weide af. Want zo'n kus had niemand haar ooit gegeven.

Nauwelijks was ze goed en wel op weg naar het paleis of de jongen blies op zijn fluitje. Het konijn sprong dadelijk uit de schort van de prinses en holde terug naar de wei.

Die avond bracht de jongen de twaalf konijnen naar de koning, die ze zorgvuldig telde en zei: 'Wel, wel! Wel, wel! Eens kijken of je ze morgenavond ook nog alle twaalf kunt terugbrengen!'

De volgende morgen bracht de jongen de twaalf konijnen naar de weide en het duurde niet lang of de koning zelf kwam eraan. Hij was vermomd als een simpele soldaat, maar de jongen herkende hem meteen.

'Wat een prachtige konijnen!' zei de koning. 'Wil je er niet eentje verkopen? Twaalf is twaalf en elf is bijna twaalf.'

'Als je een diepe buiging voor mij maakt', zei de jongen.

'Een buiging?' vroeg de koning, die nog nooit voor iemand gebogen had.

'Een buiging, zoals je voor de koning buigt', zei de jongen.

De koning vond dat ongehoord, maar hij dacht aan zijn arme dochter, overwon zijn trots en maakte zo goed en zo kwaad als hij kon een buiging voor de jongen. Daarop ving de jongen een konijn en gaf het aan de koning, die enigszins opgelaten de weide afliep. Maar nauwelijks was hij op weg naar het paleis of de jongen blies op het fluitje. Het konijn worstelde zich los uit de armen van de

koning en liep terug naar de weide.
Die avond bracht de jongen de twaalf konijnen naar het paleis, liet ze tellen door de koning en zei: 'Nu moet je je belofte nakomen!'
'Kom morgenochtend maar eens naar de troonzaal', zei de koning.
De volgende morgen verscheen de jongen in de troonzaal, waar de koning op zijn troon zat, omringd door zijn raadslieden.
'Er is ook nog het derde deel van de proef', zei de koning.
'Zo,' zei de jongen, 'een derde deel! En wat mag dat dan wel zijn?'
'Je moet voor mij drie zakken vullen met onzin', zei de koning.
De jongen herinnerde zich nu de geheimzinnige woorden van het oude mannetje, haalde de drie zakken te voorschijn en zei: 'In de eerste zak stop ik de hofmaarschalk, verkleed als boer. Hij kreeg tien stokslagen op zijn blote kont!'
'Als dat geen onzin is!' zei de koning.
'In de tweede zak stop ik de prinses, verkleed als dienstmeid, die zoent om een konijn te kopen', zei de jongen. 'En o, o, wat kan die zoenen, zeg!'
'Als dat geen onzin is!' zei de koning een beetje zuur. 'En welke onzin stop je in de derde zak?'
'In de derde zak stop ik de koning,' zei de jongen, 'die nog nooit voor iemand een buiging heeft gemaakt, maar voor een konijn...'
De koning keek verschrikt naar zijn raadslieden en riep: 'Stop! Stop! Genoeg onzin! Laten we het maar liever over de bruiloft hebben!'
En zo kreeg de jongste zoon de prinses en als ze nog leven, dan zoenen ze nog!

Repelsteeltje

Lang geleden leefde er eens een molenaar. Hij was heel erg arm, maar hij had wél een heel mooie dochter. Toen de molenaar op een dag de koning tegenkwam, kon hij het niet laten om op te scheppen over zijn dochter. 'Ze is zo knap', beweerde hij, 'dat ze goud kan spinnen uit stro.'

Daar had de koning wel oren naar. 'Breng haar morgen maar eens naar mijn paleis,' zei hij, 'dan zullen we de proef op de som nemen.'

De volgende dag bracht de koning zelf het meisje naar een grote kamer die vol lag met stro. Er stond ook een spinnewiel. 'Zo,' zei de koning opgewekt, 'begin er maar aan! Als je morgenvroeg niet al dit stro tot goud gesponnen hebt, moet je sterven.' En hij liep de kamer uit en deed de deur achter zich op slot.

De molenaarsdochter was ten einde raad, want ze wist natuurlijk niet hoe je stro tot goud spint. Ze vreesde voor haar leven en begon bitter te huilen.

Opeens ging de deur open en er kwam een klein mannetje binnen. 'Gegroet, mooi kind!' zei hij. 'Waarom ben je zo verdrietig?'

'Ach!' zei het meisje. 'Ik moet al dit stro tot goud spinnen en daar heb ik helemaal geen verstand van!'

'Wat krijg ik als ik het in jouw plaats doe?' vroeg het mannetje.

'Mijn halsketting!' zei het meisje.

Het mannetje nam de halsketting, ging achter het spinnewiel zitten en snorre, snorre, snorre, hij spon al het stro tot goud!

Toen de koning de volgende ochtend zag wat er gebeurd was, sprong zijn hart op van vreugde. Maar hij was heel hebzuchtig. Dus bracht hij het meisje naar een nog grotere kamer, die tot aan het plafond vol lag met stro. 'We zullen het hier ook nog eens proberen', zei hij. 'Als het je niet lukt, laat ik je morgen ter dood brengen.'

Het meisje begon opnieuw te huilen. Toen ging de deur open en daar stond het mannetje weer.

'Wat krijg ik als ik het in jouw plaats doe?' vroeg hij.

'Mijn ring', zei het meisje.

Het mannetje nam de ring aan, ging achter het spinnewiel zitten en snorre, snorre, snorre, hij spon al het stro tot goud.

Toen de koning de volgende ochtend binnenkwam, was hij aangenaam verrast. Maar nog was hij niet tevreden. Hij bracht het meisje naar een reusachtige zaal, waarvan de vloer kraakte onder het gewicht van het stro. 'Als je dit ook nog tot goud spint,' zei hij, 'neem ik je morgen tot mijn vrouw en word je koningin. Anders...'

Nu vreesde het meisje werkelijk het ergste, want ze had niets meer om aan het mannetje te geven.

'Wat krijg ik als ik het werk in jouw plaats doe?' vroeg het mannetje voor de derde keer.

'Ik heb je alles gegeven wat ik bezit', zei het meisje.

Het mannetje dacht even na en zei: 'Ik wil het doen als ik je eerste kindje na de geboorte mag komen halen.'

Dat was een wrede wens, maar het meisje dacht, ik heb nog al de tijd om kinderen te krijgen. En komt tijd, komt raad. Dus zei ze: 'Dat is goed.'

Het mannetje ging net zoals de twee vorige avonden aan de slag. Toen de koning de volgende ochtend binnenkwam en zag wat er gebeurd was, hield hij zijn belofte. Hij trouwde met de molenaarsdochter en maakte haar tot koningin. Een jaar ging voorbij en de koningin kreeg een mooi kindje. Ze was het mannetje allang vergeten, maar opeens dook hij in haar kamer op en zei: 'Nu moet je mij geven wat je mij beloofd hebt.'

De koningin schrok hevig. Ze beloofde het mannetje alle schatten van het koninkrijk als hij het kind bij haar zou laten. Maar het mannetje zei: 'Nee, iets wat leeft is oneindig veel meer waard dan alle rijkdom in de wereld.'

De koningin begon luid te jammeren en te huilen. Het mannetje kreeg medelijden met haar en zei: 'Je krijgt drie dagen de tijd. Als je dan weet hoe ik heet, mag je je kindje houden.'

De volgende nacht deed de koningin geen oog dicht. Ze schreef alle namen op die haar maar te binnen schoten en stuurde twee boodschappers het land in om nog meer namen te verzamelen.

Toen het mannetje de volgende dag kwam, dreunde ze haar hele lijstje af, maar bij elke naam, hoe vreemd die ook klonk, schudde het mannetje zijn hoofd en zei: 'Zo heet ik niet.'

De tweede dag liet de koningin namen opvragen in alle buurlanden. 'Heet je misschien Biestmelk of Lamsvel of Snorre-snorre?' vroeg ze. Maar het mannetje zei: 'Zo heet ik niet.'

Op de derde dag kwam een van de boden terug. 'Nieuwe namen heb ik niet kunnen vinden,' zei hij, 'maar toen ik bij een hoge berg kwam achter het woud, zag ik bij een klein huisje een vuur branden. Er danste een vrolijk klein kereltje rond dat op één been huppelde en een vreemd liedje zong:

"Vandaag bak ik, morgen brouw ik,
overmorgen ga ik het kind van de koningin halen,
ach, ik ben zo blij dat niemand weet,
dat ik Repelsteeltje heet !"

De koningin was vanzelfsprekend dolblij met dit nieuws. Kort daarop kwam het mannetje binnen en vroeg: 'En, mevrouw, hoe heet ik?'

'Kunz misschien?' vroeg de koningin.

Het mannetje schudde zijn hoofd.

'Heinz dan?'

'Nee-hee!' zei het mannetje.

'Is je naam dan misschien... Repelsteeltje?'

Het mannetje werd heel boos en riep: 'Dat moet je van de duivel zelf gehoord hebben!' En hij stampte van razernij zo hard op de vloer dat hij er tot aan zijn middel in verdween. Toen pakte hij woedend zijn linkervoet met beide handen vast en scheurde zichzelf in twee stukken.

Het zingende botje

Er was eens een land dat geteisterd werd door de streken van een reusachtig wild zwijn. Het bedreigde de mensen, het verwoestte de oogst en in het bos waar het zich na zijn wandaden terugtrok, durfde niemand op de duur nog een stap te zetten.

De koning deed er alles aan om het probleem op te lossen. Hij loofde de ene grote beloning na de andere uit voor diegene die erin zou slagen om het beest te vangen of te doden. Ten einde raad beloofde hij zelfs de hand van zijn enige dochter in ruil voor het zwijn, dood of levend.

Nu leefden er in dat land twee broers, zoons van een arme man, die zich bij de koning aanmeldden om hun kans te wagen. De oudste broer was slim en hardvochtig en wilde achter het zwijn aan uit hoogmoed. De jongste was onschuldig en dom en volgde de stem van zijn hart.

'De enige manier om het zwijn te pakken te krijgen', zei de koning, 'is dat jullie elk van een andere kant het bos in trekken.'

De twee broers volgden deze raad op. De ene zou vanuit het westen het bos in gaan, de andere vanuit het oosten.

Toen de jongste broer een tijdje door het bos had gelopen, ontmoette hij een klein mannetje dat een zwarte spies droeg. Het mannetje zei: 'Deze spies wil ik je geven omdat je zo onschuldig van hart bent. Hiermee kun je zonder angst op het zwijn afgaan en het doden, zonder dat er je zelf iets overkomt!'

De jongste broer bedankte het mannetje en zette zijn weg voort, met de spies onder zijn arm. Het duurde niet lang of hij kreeg het zwijn in de gaten. Het was een reusachtig monster met vervaarlijke slagtanden en het knorde zo kwaadaardig dat de jongste broer begon te trillen op zijn benen.

Veel tijd om na te denken had hij niet, want daar stormde het zwijn al recht op hem af! De jongste broer richtte de zwarte spies op de borst van het monster, dat met zo'n blinde, woeste vaart op hem afkwam, dat de spies zijn hart in tweeën spleet!

De jongste broer pakte het dode zwijn, laadde het op zijn schouder en liep naar de andere kant van het bos, om zijn buit naar de koning te brengen.

Toen hij het bos achter zich had gelaten, kwam hij voorbij een huis waar duchtig feest werd gevierd en waar tal van mensen vrolijk zaten te schransen en te drinken. Onder hen ook de oudste broer, die hier was blijven hangen om zich moed in te drinken en in de heilige overtuiging dat het zwijn hem toch niet zou ontsnappen.

Toen hij zijn broer met het zwijn uit het bos te voorschijn zag komen, nam zijn boze natuur de bovenhand. Hij liep poeslief naar de jongste toe, klopte hem op de schouder en zei: 'Kom een glaasje met ons drinken, kerel! Dat heb je wel verdiend!'

Tot de avond hield de oudste zijn broer aan de praat en toen ze eindelijk naar het paleis van de koning trokken, begon de duisternis al te vallen.

Bij een brug over de rivier liet de oudste de jongste voorgaan en toen die midden op de brug was, gaf hij hem een dodelijke klap op zijn hoofd en gooide hem het water in. Toen pakte hij het zwijn, laadde het op zijn schouders en ging naar het paleis, waar hij als een held werd ingehaald. Enkele dagen later al werd de bruiloft gevierd. Aan iedereen die naar zijn broer informeerde, vertelde de oudste dat hij beslist was omgekomen door de slagtanden van het zwijn en met dat verhaal werd zonder meer genoegen genomen.

Maar omdat voor God niets verborgen blijft, moest ook deze misdaad aan het licht komen. Vele, vele jaren later dreef een herder op een dag zijn kudde over de brug. Beneden zag hij in het zand een prachtig gebleekt botje liggen.

Omdat het hem wel wat leek om er een nieuw mondstuk voor zijn hoorn uit te snijden, ging hij naar beneden om het op te rapen.

Toen hij het gesneden had en voor de eerste keer op de hoorn blies, begon het botje tot zijn grote verbazing opeens te zingen:

Ach, lieve herder!
Je blaast op mijn botje.
Mijn broer heeft mij verslagen
en onder de brug begraven.
Ter wille van het wilde zwijn,
gedood voor 's konings dochterkijn!

De herder begreep er niets van, maar hij vond het geval wonderlijk genoeg om ermee naar de koning te gaan en hem het botje te laten zien.

Toen de koning op zijn beurt het vreemde liedje van het botje hoorde, begreep hij meteen hoe de vork aan de steel zat. Hij liet graven onder de brug, waar al spoedig het geraamte van de jongste broer gevonden werd.

De slechte broer werd voor straf in een zak genaaid en in het water gegooid. De beenderen van de vermoorde broer werden plechtig begraven op het kerkhof, waar ze nu nog steeds rusten.

De arme molenaarsknecht en de lapjeskat

Er leefde eens een oude molenaar die vrouw noch kinderen had en bij wie drie knechten in dienst waren. Toen ze enige jaren bij hem hadden gewerkt, vertelde de molenaar hun op een avond dat hij lang genoeg had gewroet en dat hij voor de rest van zijn dagen nog alleen rustig bij de kachel wilde zitten. Hij stelde hun voor om de wijde wereld in te trekken en wie terug zou komen met het mooiste paard zou de molen krijgen, op voorwaarde dat hij zou zorgen voor de molenaar zolang die leefde.

De jongste van de knechten heette Hans en hij werd door iedereen Domme Hans genoemd. De twee anderen gunden hem de molen niet en daar was Hans trouwens ook niet opuit. Maar toch stond hij erop om voor zijn baas ergens een paard te gaan zoeken, hoezeer de twee anderen ook met hem de spot dreven.

Zo trokken ze de volgende dag met z'n drieën op reis en toen de avond viel, legden ze zich in een hol te slapen. De twee oudste knechten wachtten geduldig tot Hans ingedommeld was en gingen er toen stiekem vandoor.

De volgende morgen, toen Hans wakker werd, keek hij wanhopig om zich heen, riep de naam van de twee anderen, maar er kwam geen antwoord. Hij trok door een bos, moederziel alleen, en wist niet goed waarheen. Tot hij opeens een kleine lapjeskat tegenkwam, die vriendelijk tegen hem zei: 'Dag Hans, waar ga je naar toe?'

'Ach,' zei Hans droevig, 'jij kunt me toch niet helpen!'

'Ik weet precies wat je hebben wilt', zei de lapjeskat. 'Je bent op zoek naar een mooi paard voor je baas. Als je bereid bent om zeven jaar lang voor mij te werken, zal ik je het mooiste paard schenken dat ooit iemand heeft gezien!'

Dit is wel een heel merkwaardige kat, dacht Hans bij zichzelf. Laten we eens kijken of ze de waarheid spreekt.

En hij liep achter de lapjeskat aan, die hem meenam naar haar betoverde kasteeltje, waar een heleboel andere katten in dienst waren. Toen ze 's avonds aan tafel gingen, werd er lekker eten opgediend en drie katjes maakten muziek. Eentje speelde bas, een tweede viool en het derde blies zijn wangen bol op een trompet. Toen de tafel afgeruimd was, sprong de lapjeskat erbovenop en zei: 'Kom, Hans, laten we dansen!'

Maar dat wilde Hans niet, want hij wist niet hoe hij met een kat moest dansen.

'Breng hem dan maar naar bed!' zei de lapjeskat.

Hij werd naar een mooie slaapkamer gebracht, waar de katjes zijn schoenen en kousen uittrokken en zijn kleren keurig op een knaapje hingen.

De volgende morgen kwamen ze hem wekken, ze deden hem in bad en kamden zijn haren en trokken hem zijn kleren en schoenen aan.

Na het ontbijt moest hij hout hakken. De lapjeskat gaf hem een zilveren bijl, wiggen en een zaag, ook van zilver, en een koperen hamer. En Hans hakte het hout klein. Zo verliepen de dagen in het huisje van de lapjeskat, zonder dat er ooit een mens langskwam.

Op een dag vroeg de lapjeskat aan Hans dat hij naar een van haar weilanden zou gaan om het gras te maaien en ze gaf hem een zeis van zilver mee en een wetsteen van goud. 's Avonds leverde Hans alles netjes weer in, samen met het hooi.

De tijd vloog om in het huisje van de lapjeskat en toen de zeven jaren bijna om waren, had Hans nog steeds het beloofde paard niet gekregen.

Hij sprak erover met de lapjeskat, die zei dat zijn tijd inderdaad bijna om was, maar of hij nog één ding voor haar kon doen? Hij moest nog van zilveren balken een huisje voor haar bouwen en daarvoor gaf ze hem een zilveren timmermansbijl en een zilveren winkelhaak en al het gereedschap dat hij nog meer nodig had, allemaal van zilver. En nadat Hans voor de lapjeskat het zilveren huisje gebouwd had, nam ze hem mee naar de paardenstal. Daar stonden twaalf paarden, die blonken van gezondheid en kracht.

De lapjeskat zei: 'Een van deze paarden is voor jou, maar ik zal het je zelf over drie dagen brengen. Trek je oude plunje aan en ga terug naar je baas!'

Zo vatte Hans de terugweg aan in zijn oude plunje, dat hem veel te klein geworden was. Toen hij bij de molen kwam, waren de twee andere knechten daar pas aangekomen. De ene had een kreupel paard meegebracht en de andere een blinde knol. Maar dat was beter dan helemaal niets. Ze lachten met Hans en vroegen spottend: 'Waar is jouw paard dan, domme Hans?'

'Dat komt over drie dagen!' zei Hans.

De beide andere knechten hadden dolle pret, maar de molenaar zei: 'Je stinkt zeven uur in de wind, jongen! Je kunt hier niet blijven. Ga jij maar slapen in het ganzenhok!'

En daar moest Hans zich tevredenstellen met een laag hard geworden stro.

Toen de drie dagen om waren, kwam er een gouden koets het erf van de molenaar opgereden, getrokken door zes prachtige paarden. En achter die koets liep nog een zevende paard mee, dat aan de teugel werd gehouden door een dienaar in een schitterend uniform.

Uit de koets stapte een koningsdochter die adembenemend mooi gekleed was en omringd werd door dienaressen die haar met gepaste eerbied behandelden. Het was niemand minder dan de lapjeskat, wier betovering na zeven jaar verbroken was. Haar dienaressen waren de katjes die Hans had gezien in het kleine huisje en die nu terug hun menselijke gedaante hadden gekregen.

De molenaar kwam naar buiten en vroeg waarmee hij de mooie dame van dienst kon zijn.

'Ik ben op zoek naar Hans', zei ze. 'Ik kom zijn paard afleveren!'

De molenaar keek met open mond naar het zevende paard dat achter de koets stond en hakkelde: 'Hij zit in het ganzenhok, mevrouw. Hij is na zeven jaar teruggekomen en stonk zeven uur in de wind!'

'Ga hem dan toch halen!' zei de koningsdochter.

En Hans werd uit het ganzenhok gehaald en de koningsdochter zei: 'Ik breng je je paard, Hans!'

De molenaar zei dat er nog nooit zo'n mooi paard op zijn erf had gestaan en dat de molen nu zonder twijfel aan Hans toekwam.

Maar de koningsdochter pakte Hans bij de hand en zei tegen de molenaar: 'Hou jij je molen maar! En je paard ook!' En uit de koets kwamen koffers met prachtige kleren en de dienaressen trokken ze Hans aan, zodat hij voor de ogen van iedereen veranderde in een schitterende man, een prins gelijk.

Toen steeg hij samen met de koningsdochter in de koets en ze reden naar het zilveren huisje dat Hans had gebouwd voor de lapjeskat en dat ondertussen veranderd was in een groot paleis, waar alles van zilver en van goud was. Hans trouwde met de lapjeskat en was zo rijk, dat hij voor de rest van zijn leven geen klap meer hoefde uit te voeren. Waarmee maar gezegd wil zijn dat iemand die door iedereen dom wordt genoemd, het toch wel ver kan schoppen!

De prinses op de erwt

Er was eens een prins die zo graag wilde trouwen, maar dat moest dan wel met een echte prinses zijn. Hij reisde de hele wereld rond en bezocht vele koninkrijken en hij werd voorgesteld aan mooie meisjes die zichzelf prinses noemden of door anderen zo genoemd werden.

Maar telkens ontbrak er wat aan. Hij kon vaak niet precies zeggen wát, maar tot zijn groot verdriet kon hij nergens een echte prinses vinden.

Ontgoocheld keerde hij terug naar zijn kasteel en berustte in zijn lot.

Op een avond brak er boven het kasteel een geweldig onweer los. Het bliksemde en donderde, het water kwam met bakken uit de hemel, ja, het was werkelijk verschrikkelijk! Toen klopte er opeens iemand aan de deur en de oude koning zelf ging openmaken.

Op de stoep stond een prinses. Maar wat zag ze eruit! Ze was doorweekt door de regen en bibberde van de kou en haar ogen waren groot van angst voor dat geweldige onweer. En ze zei: 'Ik ben een echte prinses!'

Dat moeten we nog maar eens zien! dacht de oude koningin. Maar dat zei ze niet hardop. Ze ging naar de slaapkamer, trok al het beddengoed van het bed en legde op de bodem van de beddenbak een erwt.

Over de erwt heen stapelde ze twintig matrassen en op die matrassen nog eens twintig donzen dekbedden.

Dat was het bed waarin de prinses mocht slapen.

's Ochtends vroegen ze haar of ze goed geslapen had.

'Vreselijk!' zei de prinses. 'Ik heb de hele nacht geen oog dichtgedaan. De hemel mag weten wat er aan de hand was met dat bed. Maar ik heb ergens op geslapen, dat was zo hard dat ik bont en blauw ben over mijn hele lichaam. Afschuwelijk!'

Toen moest iedereen erkennen dat zij een echte prinses was, want ze had door twintig matrassen en twintig donzen dekbedden heen de erwt gevoeld. En dat kan alleen een echte prinses.

Toen trouwde de prins met de prinses, want eindelijk had hij de ware gevonden. De erwt kwam in het museum terecht. En als niemand hem daaruit gestolen heeft, kun je hem daar nog steeds zien!

Raponsje

Er waren eens een man en een vrouw die hevig verlangden naar een kind. Eindelijk, na vele jaren geduld, ging hun wens in vervulling en raakte de vrouw zwanger.

In het achterhuis waar deze man met zijn vrouw woonde, zat een klein raam. Vandaar keek je uit op een prachtige tuin die vol mooie bloemen en zeldzame kruiden stond. De tuin werd omgeven door een hoge muur. Niemand waagde het om hem te betreden omdat hij eigendom was van de machtige toverheks Gothel, voor wie iedereen bang was.

Op een dag stond de vrouw voor het raam. Ze keek uit over de tuin en zag een bedje waarin de mooiste peterselie groeide die ze ooit had gezien. Die zag er zo fris en zo groen uit, dat het water de vrouw in de mond kwam.

Haar verlangen naar peterselie nam met de dag toe, ze had nergens meer trek in en ze werd steeds magerder en bleker.

Haar man maakte zich zorgen en vroeg: 'Mijn liefste, wat scheelt er toch?'

'Ach,' zei de vrouw, 'als ik niet vlug wat peterselie kan eten uit de mooie tuin achter ons huis, ga ik dood.'

De man dacht bij zichzelf: Die peterselie zal ze krijgen, het mag kosten wat het wil! En in de avondschemering klauterde hij over de tuinmuur van de heks, plukte daar in grote haast een handvol peterselie en bracht het naar zijn vrouw. Die maakte er meteen een heerlijke salade van en daar at ze van tot ze niet meer kon. Maar de peterselie had haar zo goed gesmaakt, dat ze de volgende dag nog drie keer meer trek had. De man was zo goed niet of hij moest die avond opnieuw over de muur klauteren. Maar terwijl hij door de tuin sloop, stond opeens de heks voor hem. 'Hoe haal jij het in je hoofd', vroeg ze boos, 'om over mijn tuinmuur te klimmen en stiekem mijn peterselie te komen stelen?

Dat zal je slecht bekomen!'
'O, vergeef me!' zei de man. 'Ik heb het alleen maar gedaan voor mijn zwangere vrouw. Die kreeg zo'n onweerstaanbare trek toen ze de peterselie zag, dat ze zonder zeker gestorven zou zijn!'
De heks bond een beetje in en zei: 'Als het waar is wat je zegt, mag je zoveel peterselie meenemen als je zelf wilt. Op voorwaarde dat je mij je kind zult geven meteen nadat het geboren is. Ik beloof je dat ik ervoor zal zorgen als een moeder.'
De man was zo bang, dat hij bereid was de heks alles te geven waar ze om vroeg, zelfs zijn eigen kind. Dus stemde hij toe en toen het kind geboren werd, kwam de heks het meteen halen. Het was een meisje en de heks noemde haar Raponsje.
Raponsje was het mooiste kind dat iemand ooit had gezien. Toen ze twaalf werd, sloot de heks haar op in een hoge toren diep in het woud. De toren had geen deur en geen trap, alleen een klein raampje helemaal bovenin. Wanneer

de heks naar binnen wilde komen, ging ze onder de toren staan en riep:
Raponsje, Raponsje,
laat je haren naar beneden.
En dan liet Raponsje haar mooie lange haar, dat eruitzag als gevlochten goud, door het raampje naar beneden zodat de heks naar boven kon klimmen.

Dat ging zo een paar jaar, tot op een dag de zoon van de koning door het woud reed en de toren ontdekte. Uit de toren kwam zo'n lieflijk gezang dat hij vol bewondering stilhield om ernaar te luisteren. Hij wilde de toren binnengaan, maar vond nergens een deur of een trap en reed teleurgesteld weer weg. Maar hij kon de mooie stem niet uit zijn hoofd zetten en iedere dag weer trok hij naar het woud om naar het gezang te luisteren. Zo gebeurde het dat hij op een dag de heks naar de toren zag komen. En hij hoorde hoe ze riep:
Raponsje, Raponsje,
laat je haren naar beneden.
Raponsje liet haar gouden vlechten uit het raampje zakken en de heks klom naar boven.

Als dat de ladder is die je moet beklimmen, wil ik het ook wel eens proberen, dacht de prins bij zichzelf. En de volgende dag ging hij bij het vallen van de avond naar de toren en riep:
Raponsje, Raponsje,
laat je haren naar beneden.
Meteen vielen de haren naar beneden en de prins klom naar boven.

Raponsje schrok ontzettend toen de koningszoon zo opeens naar binnen klom, want ze had nog nooit in haar leven een man gezien. Maar de koningszoon begon haar vriendelijk uit te leggen hoe haar gezang zijn hart had bekoord en dat hij geen rust meer kon vinden.

Daarop bekwam Raponsje een beetje van haar eerste schrik en toen hij haar vroeg om hem tot man te nemen, dacht ze: Deze jongen zal beslist meer van mij houden dan die oude heks Gothel. En dus zei ze 'ja' en legde haar hand in zijn hand. 'Ik zou graag met je meegaan,' zei ze, 'maar ik weet niet hoe ik naar beneden moet komen. Breng telkens als je komt een streng zijde mee, zodat ik een koord kan vlechten. Als die eenmaal lang genoeg is, kun je mij meenemen op je paard.'

Ze spraken af dat de prins iedere avond naar haar toe zou komen, want overdag kwam de heks.

De tovenares had niets in de gaten, tot Raponsje zich op een dag versprak en zei: 'Leg me toch eens uit, vrouw Gothel, hoe het komt dat ik veel meer moeite heb om u naar boven te halen dan de koningszoon, die ieder moment hier kan zijn?'

'Ondankbaar kind!' schreeuwde de heks. 'Ik dacht dat ik je ver weg van de wereld gehouden had en nu heb je mij bedrogen!' Ze pakte woedend Raponsjes haar, sloeg het een paar maal om haar pols en ritsj, ratsj, ze knipte de mooie vlechten met een schaar af. En daarna bracht ze Raponsje naar een woeste landstreek, waar het meisje in diepe ellende en verdriet moest leven.

Op dezelfde dag dat ze Raponsje verstoten had, maakte de heks de twee afgesneden vlechten vast aan het raamkozijn en toen de koningszoon kwam en riep:

Raponsje, Raponsje,
laat je haren naar beneden.

wierp ze de vlechten naar beneden. De koningszoon klom naar boven, maar in plaats van zijn geliefde Raponsje trof hij boven alleen de heks aan, die hem toornig bekeek.

'Haha!' hoonde de heks. 'Jij wilde je liefste komen halen! Maar dat mooie vogeltje zit niet langer op het nest en zingt ook niet meer, omdat de kat haar gepakt heeft. En diezelfde kat zal nu je ogen uitkrabben! Je zult Raponsje nooit meer terugzien!'

De koningszoon raakte zo in vertwijfeling van smart en angst, dat hij meteen van de toren naar beneden sprong. Hij bracht het er levend af, maar de doornen waarin hij viel staken hem de ogen uit. Blind dwaalde hij door het woud, at alleen wortels en bessen en jammerde over het verlies van zijn geliefde. Jaren zwierf hij zo rond tot hij eindelijk in de woeste landstreek aankwam waar Raponsje leefde. Ze had hem een tweeling gebaard, een jongen en een meisje. En de rondzwervende prins hoorde opeens een lieve stem, die hem bekend voorkwam, o zo bekend. Dat kon alleen Raponsje zijn! Hij viel in haar armen en Raponsje begon van vreugde te huilen. Twee van haar tranen vielen op zijn ogen en zijn blindheid verdween terstond. En hij bracht haar naar zijn koninkrijk, waar ze met vreugde ontvangen werden en nog lang en gelukkig leefden.

De drie slangenbladeren

Er was eens een man zó arm, dat hij zijn enige zoon nauwelijks kon te eten geven. Toen sprak de zoon op een dag: 'Lieve vader, ik kan maar beter weggaan en proberen voor mijn eigen kost te zorgen. Dat zal het je wat makkelijker maken.'

En de zoon nam in tranen afscheid van zijn vader en trad als soldaat in dienst van de koning, die oorlog voerde tegen een ander land.

Tijdens de eerste veldslag die de jongen meemaakte, werd de toestand voor de soldaten van de koning zo benard, dat ze allemaal op de vlucht wilden slaan. Maar de zoon van de arme man ging vóór hen staan en bezwoer hen verder te vechten. Door zijn moedige gedrag keerde de krijgskans en behaalde de koning de overwinning. Hij beloonde de dappere soldaat naar behoren en benoemde hem prompt tot zijn belangrijkste generaal.

De soldaat verwierf zo van de ene dag op de andere rijkdom en aanzien en als kroon op het werk had hij graag willen trouwen met de enige dochter van de koning.

Deze prinses nu, was een merkwaardig meisje. Ze wilde alleen trouwen met een man die, als ze doodging, samen met haar levend het graf zou in gaan. Als haar man vóór haar zou sterven, was ze bereid om voor hem hetzelfde te doen.

De prinses was een heel mooi meisje, maar de huwelijksvoorwaarde die ze stelde, schrikte alle minnaars af.

De dappere soldaat echter maalde er niet om en vroeg de koning om de hand van zijn dochter. Een tijdje later werd de bruiloft luisterrijk gevierd en een paar jaar lang konden ze hun prille geluk niet op. Toen, op een dag, werd de prinses ernstig ziek. Geen dokter kon haar helpen en na een lang sterfbed ging ze dood. Pas toen besefte de soldaat wat hij haar had beloofd en de rillingen liepen hem over zijn rug. Het liefst had hij willen vluchten, maar de koning had rondom de

hoofdstad wachtposten laten uitzetten zodat ontkomen onmogelijk was.

Toen de prinses werd begraven en bijgezet in de koninklijke grafkelder, moest de soldaat met haar mee. Daar zat hij dan, naast haar kist, achter een getralied hek en aan een tafel met daarop vier broden, vier flessen wijn en vier kaarsen. Als dat allemaal op zou zijn, zou de soldaat van honger omkomen.

Hij probeerde zo zuinig mogelijk te zijn en at één klein stukje brood per dag, met een klein slokje wijn, maar met de dag zag hij zijn dood naderbij sluipen.

Terwijl hij daar zo aan zijn tafeltje zat, waarop een kaars stond te sputteren, zag hij op een keer uit de hoek van de grafkelder een slang naderbij komen.

Omdat hij bang was dat de slang zich zou vergrijpen aan het lichaam van zijn geliefde vrouw, pakte hij zijn zwaard en hakte het beest in drie stukken.

Een tijdje later kwam er een andere slang. Die keek naar het in mootjes gehakte beest, verdween weer en kwam spoedig daarna terug met drie bladeren in haar bek. Ze legde de drie bladeren zorgvuldig op de drie stukken van de dode slang en kijk!, de stukken groeiden aan elkaar en de slang kwam weer tot leven! Daarop maakten de twee slangen ijlings dat ze wegkwamen.

De soldaat pakte de drie achtergebleven bladeren en verzonk in zwaar gepeins. Als... Het was het proberen waard! Hij legde een van de bladeren op de mond van zijn dode vrouw en de twee andere bladeren op haar ogen. En het wonder geschiedde! De prinses sloeg haar ogen op, haar wangen kregen weer kleur en haar longen weer lucht. 'Waar ben ik?' vroeg ze. 'Wat doen we hier in deze nare kelder?'

'Je leeft!' zei de soldaat verheugd. 'Je leeft!' En toen begon hij als een gek met zijn zwaard over het traliehek te ratelen, net zolang tot de soldaten van de koninklijke wacht hem hoorden en hen kwamen bevrijden.

De vreugde in het land over de wonderlijke heropstanding van de prinses was onbeschrijflijk groot. Maar er was iets veranderd. Ook al had de soldaat haar gered, ze hield niet meer van hem. Dat bleek maar al te pijnlijk toen de soldaat besloot om samen met haar overzee zijn oude vader te gaan opzoeken en hem te laten delen in zijn voorspoed. Terwijl ze op zee waren, werd de prinses verliefd op de schipper en toen de soldaat een keer in slaap gevallen was, gooiden de schipper en de prinses hem overboord.

De trouwe dienaar van de soldaat, die alles had gezien en altijd de drie slangenbladeren bij zich droeg, zette ongemerkt een sloep uit, viste zijn verdronken meester uit het water en legde de drie bladeren op zijn ogen en zijn mond. En kijk!, de soldaat kwam weer tot leven.

Dag en nacht roeiden de soldaat en de dienaar terug naar huis en dat deden ze zo vlug, dat ze eerder aankwamen dan het schip met de prinses en de schipper aan boord, dat ook rechtsomkeert had gemaakt.

De soldaat ging meteen naar de koning en vertelde hem zijn wedervaren.

De koning kon zijn oren niet geloven. 'Zó slecht kan mijn dochter toch niet zijn!' zei hij. 'Maar goed! Elke leugen komt uit, ook al brengen de kraaien haar uit!' En hij verborg de soldaat en zijn dienaar in een geheime kamer.

Spoedig daarna kwam het schip met de prinses terug. Ze viel snikkend in de armen van haar vader, die vroeg: 'Wat is er gebeurd? Waar is je man?'

'Een vreselijk ongeluk!' zei de prinses. 'Hij is jammerlijk verdronken in een storm. En wanneer ik deze dappere schipper niet had gehad, was ik zelf beslist ook omgekomen!'

'Dat is mooi geprobeerd,' zei de koning, 'maar je liegt! Jouw man haalde je terug uit de dood, terwijl je hem zelf hebt willen ombrengen.' Hij opende de deur van de geheime kamer en daar kwamen de soldaat en zijn dienaar springlevend te voorschijn.

De prinses werd heel bleek, de schipper zonk op zijn knieën voor de koning neer en smeekte om genade.

'Genade?' vroeg de koning schamper. 'Voor jullie is er geen genade mogelijk!' En hij liet zijn dochter en haar minnaar aan boord brengen van een lekke schuit, die de zee werd op gestuurd en binnen enkele minuten voor altijd onder de golven verdween.

Fortunatus

Er was eens een jonge jager die naar het bos trok om wild te schieten. De jager was een vrolijke kerel en terwijl hij daar zo fluitend op een grassprietje tussen de bomen liep, kwam hij een oud wijfje tegen.
'Ach, lieve jager!' zei ze. 'Jij ziet er een opgewekte jongen uit. Maar ik lijd honger en dorst! Kun je mij geen aalmoes geven?'
De jonge jager had een goed hart. Dus tastte hij in zijn weitas en gaf het oude vrouwtje alles wat hij kon missen.
Toen hij zijn weg wilde voortzetten, hield ze hem tegen en zei: 'Wacht even! Omdat je zo vrijgevig bent, wil ik je iets verklappen waar je je voordeel kunt mee doen! Als je verder het bos in trekt, zul je bij een boom komen, waar een zwerm vogels ruzie zit te maken over een mantel. De mantel heeft een wonderlijke eigenschap. Wanneer je hem omslaat en je jezelf op een andere plaats wenst, waar ook ter wereld, brengt hij je terstond daarheen.'
'Dat klinkt inderdaad nogal wonderlijk', zei de jonge jager.
'Er is meer', zei de oude vrouw. 'Als je bij de boom komt met de ruziënde vogels, pak dan je geweer en schiet midden in de zwerm. De vogels zullen de mantel loslaten en wegvliegen, maar één vogel zal dood neervallen. Snij zijn hart uit zijn borst en eet het op. Als je dat doet, zul je iedere morgen onder je hoofdkussen een goudstuk vinden!'
De jager bedankte de oude vrouw en trok verder het bos in. Nauwelijks had hij honderd passen gelopen of hij kwam bij een boom waar een zwerm vogels ruzie zat te maken over een lap stof. Ze rukten en trokken eraan en maakten een hoop kabaal, alsof ze ieder voor zichzelf de mantel wilden hebben.
De jonge jager schouderde zijn geweer en schoot in de zwerm vogels zodat de pluimen in het rond stoven. De vogels lieten verschrikt de mantel los, die naar

beneden dwarrelde, en één vogel viel dood voor de voeten van de jager neer. Hij pakte zijn mes, sneed de borst van de vogel open, haalde het hart eruit en at het op.

Toen hij de volgende morgen wakker werd, lag er een goudstuk onder zijn hoofdkussen. En de dagen daarna was het niet anders.

Een hele tijd ging dat zo door, tot de jonge jager op een dag bij zichzelf zei: 'Wat doe ik met al dat goud als ik er niet van geniet?' En hij nam afscheid van zijn ouders en trok de wijde wereld in.

Op een dag liep hij door een dicht woud en toen hij dat eindelijk achter zich had gelaten, lag er een wijde vlakte voor hem, waarin een schitterend kasteel oprees. Achter een van de ramen stond een oude vrouw naar buiten te kijken, in het gezelschap van een wondermooi meisje. De oude vrouw was een heks, die boosaardig van inborst was, en ze zei tegen het meisje: 'Zie je die jager daar? Hij draagt een schat in zijn lichaam die beter bij ons past dan bij hem!' En ze vertelde het meisje van het vogelhart en hoe ze door een list moesten proberen daaraan te komen. En ze voegde er dreigend aan toe: 'Wee je gebeente als je mij niet helpt!'

De jonge jager, die de twee vrouwen en vooral het meisje in het oog had gekregen, dacht: Ik heb een lange tocht achter de rug en dit lijkt mij een mooie plek om wat uit te rusten!

Hij klopte aan bij het kasteel en werd er als een vorst ontvangen. Het verblijf beviel hem er erg goed en hoe langer hij daar bleef, hoe verliefder hij op het heksenmeisje werd. Op de duur zag hij nog alleen maar haar.

Toen achtte de heks de tijd gekomen om tot de actie over te gaan. Ze brouwde een toverdrank, goot die in een beker en zei tegen het meisje: 'Dit moet je je lief te drinken geven!'

Het heksenmeisje bracht de beker naar de jonge jager en zei zoetjes: 'Drink dit uit op mijn gezondheid!' En de jonge jager ledigde de beker. Maar nauwelijks had hij dat gedaan of hij gaf alles over wat in zijn maag zat, met het vogelhart erbij. Het heksenmeisje nam stiekem het hart weg en slikte het vliegensvlug in.

De volgende morgen lag er niet langer een goudstuk onder zijn hoofdkussen, maar eigenlijk kon dat de jonge jager niet zoveel schelen. Want had hij niet de tijd van zijn leven op het kasteel?

Weken verstreken en alles leek de jonge jager rozengeur en maneschijn. Toen sprak de heks tot het meisje: 'Het vogelhart hebben we al. Nu moeten we hem nog alleen zijn tovermantel afpakken! En wee je gebeente als je mij niet helpt!'
Toen deed het heksenmeisje wat de oude haar bevolen had en op een morgen vond de jonge jager haar terwijl ze droevig uit een raam naar buiten stond te kijken.
'Mijn lief,' zei hij, 'waarom ben je zo verdrietig?'
'Ach, schat!' zei ze. 'Daar aan de overkant van de vallei ligt de Granaatberg, waar de mooiste edelstenen groeien. Maar alleen de vogels kunnen daar komen. Geen mens is er ooit in geslaagd om daar een voet te zetten!'
De jonge jager lachte. 'Als het dat maar is!' zei hij. En hij sloeg de tovermantel om, liet het heksenmeisje eronder kruipen en wenste hen beiden naar de Granaatberg. En zie, terstond waren ze daar!
Ze keken hun ogen uit naar de prachtige edelstenen die er groeiden en verzamelden de mooiste, zakken en zakken vol. Toen werd de jonge jager door de heksenstreken van de oude door slaap overmand en hij zei: 'Laten we een beetje rusten voor we teruggaan!' En hij legde zijn hoofd in de schoot van het heksenmeisje en viel in een diepe slaap.
Het heksenmeisje knoopte voorzichtig de tovermantel los van zijn schouders, kroop eronder en wenste zichzelf met alle edelstenen die ze verzameld hadden terug naar het kasteel van de heks.
Toen de jonge jager wakker werd en zag dat zijn lief met de mantel verdwenen

was, vervloekte hij de liefde, die mensen blind maakt. Bovendien had hij grote honger, maar op de Granaatberg groeide er niets, behalve edelstenen, en die liggen nogal zwaar op de maag.

Nog erger was dat de Granaatberg sinds jaar en dag in het bezit was van drie reuzen en het duurde niet lang of de jonge jager hoorde hen aankomen. Hij ging liggen en deed of hij sliep, want dat leek hem nog het beste.

De eerste reus zag de jonge jager liggen, porde hem met zijn schoen in zijn ribben en zei: 'Hoe is die aardwurm hier verzeild geraakt?'

'Trap hem dood!' zei de tweede reus.

Maar de derde reus haalde zijn schouders op en zei: 'Ach, hij is het doodtrappen niet waard! Laat hem slapen. Hij zal vanzelf omkomen van honger en dorst. Want hoe zou hij kunnen weten dat op de top van de Granaatberg de wolken je meenemen naar de overkant?'

En daarop gingen de reuzen weg.

De jonge jager had hun woorden echter goed in zijn oren geknoopt en toen hij de reuzen nergens meer zag, begon hij naar boven te klimmen.

Op de top van de Granaatberg bleef hij enige tijd zitten, tot er een lieve wolk voorbijkwam, die hem meenam naar de overkant. Daar zette ze hem zachtjes op de grond.

De jonge jager keek om zich heen en merkte dat hij in een moestuin was, die vol stond met sla en kool. Hij had nog steeds grote honger en dacht: Een appeltje of een sappige peer of wat ander fruit, dat zou er best wel in gaan!

Maar in de moestuin groeiden alleen sla en kool. En omdat hij zo'n honger had, begon hij maar van de sla te eten. Nauwelijks had hij een paar blaadjes verorberd of zijn oren begonnen te groeien en uit zijn achterwerk kwam een staart te voorschijn. Hij was veranderd in een ezel!

Hij stampte wat onhandig rond door de moestuin tot hij bij een bedje kwam met een ander soort sla. En omdat hij nog steeds honger had en hij nu toch een ezel was, proefde hij ook van de andere sla. En, o wonder!, daar kreeg hij meteen zijn menselijke gedaante terug.

'Merkwaardig!' zei de jonge jager. 'Hier groeit kwade sla en goede sla!' Hij plukte een krop van elk, stak die in zijn weitas en dacht: Dat zal mij van pas komen om de ontrouw te bestraffen!

Toen verliet hij de wonderlijke moestuin en ging op zoek naar het kasteel van de heks. Nadat hij dagenlang had rondgezworven, bereikte hij de vlakte achter het woud. Hij maakte zijn gezicht bruin zodat zelfs zijn eigen moeder hem niet herkend zou hebben en daarna klopte hij aan bij het kasteel.

De heks noch het meisje had er een flauw vermoeden van wie hij was en de heks vroeg: 'Vreemdeling, wie bent u en wat doet u voor de kost?'

'Ik ben een bode van de koning', zei de jonge jager. 'Hij heeft mij uitgestuurd om voor hem de lekkerste sla te vinden die er onder de zon groeit. En die heb ik gelukkig gevonden!'

'Maar kom toch binnen, kom toch binnen!' zei de heks liefjes. 'Mag ik misschien even proeven?'

'Ach,' zei de jonge jager, 'twee of drie blaadjes zal de koning niet missen.' En hij opende zijn weitas en gaf de kwade krop aan de heks. Die liep meteen naar de keuken om hem klaar te maken.

Maar omdat ze zo ongeduldig was om van de sla te eten, proefde ze gauw een blaadje. Nauwelijks had ze dat gedaan of ze veranderde in een ezelin, die luid balkend naar de binnenplaats van het kasteel liep.

Even later kwam de dienstmeid de keuken in. Ze zag de kom met sla staan, gereed om op te dienen, en besloot de kom naar de eetzaal te brengen. Maar, zoals ze wel meer deed, kon ze er niet aan weerstaan om onderweg even te proeven. Eén blaadje was genoeg om haar te laten veranderen in een ezelin, die balkend naar de binnenplaats verdween.

Intussen hield de jonge jager het mooie heksenmeisje gezelschap en toen er maar niemand kwam met de sla, dacht hij: Ze zullen er al van gegeten hebben! En hij zei: 'Ik zal eens in de keuken gaan kijken hoe het staat met de sla!'

Onderweg vond hij de kom sla, die op de grond gevallen was, en toen hij uit een raam keek, zag hij de twee ezelinnen over de binnenplaats draven. Hij schikte de sla, liep terug naar het heksenmeisje en zei: 'We moesten maar niet wachten met eten.'

Twee blaadjes waren genoeg om haar op haar beurt in een ezelin te veranderen. Hij leidde haar naar de binnenplaats en sprak tot hen: 'Zo zie je maar, hoe ontrouw wordt beloond.'

Hij pakte de drie ezelinnen bij de leidsels en liep het kasteel uit tot hij bij een molen kwam. Hij klopte aan en tegen de molenaar die opendeed, zei hij: 'Ik heb hier drie kwade dieren die ik niet meer kan houden. Als u ze wilt hebben, zal ik u flink betalen voor hun onderhoud.'

'Dat is goed', zei de molenaar.

'Die oude,' zei de jonge jager, 'die moet je drie keer per dag afranselen en één keer te eten geven. De tweede moet je één keer per dag afranselen en drie keer te eten geven. En de jongste mag je niet afranselen en moet je drie keer te eten geven.' Want hij kon het niet over zijn hart verkrijgen dat zijn ontrouwe lief slaag zou krijgen.

De molenaar vond de manier waarop hij de ezelinnen moest behandelen nogal merkwaardig, maar voor goed geld doet een mens veel.

De jonge jager keerde terug naar het kasteel en had daar alles wat zijn hartje begeerde.

Maar al na een paar dagen kwam de molenaar aankloppen om te zeggen dat de oude ezelin bezweken was onder de slagen. En met de twee andere ezelinnen ging het al niet veel beter. 'Ze treuren', zei de molenaar, 'en zullen het niet lang meer maken.'

Toen streek de jonge jager over zijn hart en zei: 'Breng ze dan maar weer hier.' De molenaar bracht de twee ezelinnen terug naar het kasteel en de jonge jager

gaf hen van de goede sla te eten. Als bij toverslag kregen ze hun menselijke gedaante terug.

Het heksenmeisje viel op haar knieën voor de jonge jager en zei: 'Ik ben een prinses, maar al die tijd was ik onder de betovering van die heks! Kun je mij vergeven? Ik zal je je tovermantel teruggeven en voor het vogelhart zal ik een braakmiddel innemen, zodat je ook dat terugkrijgt!'

'Och,' zei de jonge jager, 'wat doet het ertoe onder wiens hoofdkussen 's morgens een goudstuk ligt, als we toch hetzelfde bed delen?'

En toen hielden ze een luisterrijke bruiloft en werden heel gelukkig en heel oud.

IJzeren Hans

Er was eens een koning die naast zijn paleis een groot en ondoordringbaar woud bezat. Hij had het allang opgegeven om er te gaan jagen, omdat veel van zijn jagers die er zich in hadden gewaagd, nooit teruggekeerd waren.

Op een dag diende zich een vreemde jager bij de koning aan. Hij had gehoord van het gevaarlijke woud, waar het na al die jaren wel moest wemelen van het aantrekkelijkste wild en hij vroeg de koning toestemming om het te betreden.

'Dat kan ik niet toestaan', zei de koning. 'Ben je soms je leven beu?'

'Ik ben een vrij man', zei de jager, 'en ik wil het woud in gaan op mijn eigen risico.'

'God hebbe je ziel!' zei de koning.

De volgende dag trok de jager het woud in en zijn hond zat al spoedig op een spoor. De jager volgde hem, tot de hond stilhield bij een poel, waaruit plotseling een grote mannenarm oprees. Die pakte de hond bij de strot en sleurde hem de diepte in.

Daarop holde de jager ijlings naar het paleis en kwam terug met vele mannen, die met emmers de poel moesten leegscheppen. Op de bodem troffen ze een wildeman aan met een roestbruine huid en een lange baard. Ze slaagden erin hem te vangen en te knevelen en brachten hem naar het paleis, waar hij op het binnenplein opgesloten werd in een stevige ijzeren kooi. Al spoedig kreeg de wildeman daarom de naam IJzeren Hans.

Door de vangst van IJzeren Hans was het woud van alle gevaar bevrijd en kon er weer lustig gejaagd worden, tot grote opluchting van iedereen.

IJzeren Hans kreeg iedere dag behoorlijk te eten en te drinken, maar de koning had ten strengste verboden om ook maar één keer de kooi te openen. En om te

voorkomen dat dat toch zou gebeuren, vertrouwde hij de enige sleutel toe aan de koningin, die hem onder haar hoofdkussen bewaarde.

De koning en de koningin hadden een zoontje van acht jaar, dat vaak op het binnenplein speelde. Op een dag kwam zijn gouden bal per ongeluk terecht in de kooi van IJzeren Hans en de jongen ging hem beleefd zijn bal terugvragen.

'Je kunt hem krijgen,' zei IJzeren Hans, 'als je de kooi voor mij openmaakt.'

'Dat heeft mijn vader ten strengste verboden!' zei de jongen.

'Dan niet', zei IJzeren Hans.

De volgende dag ging de koningszoon opnieuw zijn gouden bal terugvragen.

'Je kunt hem krijgen,' zei IJzeren Hans, 'als je de kooi voor mij openmaakt.'

'Dat heeft mijn vader ten strengste verboden!' zei de jongen.

'Dan niet', zei IJzeren Hans.

De dag daarna reed de koning uit om te gaan jagen en de jongen ging opnieuw vragen om zijn gouden bal.

'Je kunt hem krijgen,' zei IJzeren Hans, 'als je de kooi voor mij openmaakt.'

'Dat zou ik wel doen,' zei de jongen, 'maar waar moet ik de sleutel vinden?'

'Die ligt onder het hoofdkussen van je moeder', zei IJzeren Hans.

De jongen ging stiekem de sleutel halen en maakte ongezien de kooi open. IJzeren Hans gaf hem zijn gouden bal, sprong uit de kooi en maakte dat hij wegkwam.

Toen de jongen besefte wat hij had gedaan, werd hij heel bang en riep: 'IJzeren Hans, IJzeren Hans, laat me niet in de steek!'

IJzeren Hans keerde op zijn stappen terug, pakte de jongen in zijn armen en verdween met hem in het woud.

Toen ze daar goed en wel aangekomen waren, zei IJzeren Hans: 'Je begrijpt wel dat je nooit meer naar het paleis van je vader terug kunt. Maar goed, je hebt me geholpen, dus mag je bij mij blijven. Goud en zilver heb ik in overvloed, het zal je aan niets ontbreken.'

En zo groeide de koningszoon op in het woud onder de hoede van IJzeren Hans. Die bracht hem op een morgen naar een bron met kristalhelder water. Soms zag je op de bodem een gouden vis en een gouden slang zwemmen.

'Het is jouw taak om de bron zuiver te houden', zei IJzeren Hans. 'Als er ook maar iets in valt, wordt ze onrein.'

'Goed,' zei de jongen, 'ik zal erop letten dat er niets in valt.'

De eerste dag dat de koningszoon bij de bron zat, kreeg hij opeens pijn aan zijn vinger. Zonder erbij na te denken, stak hij hem in het water, eventjes maar. Maar toen hij zijn vinger uit het water haalde, was die bedekt met puur goud. En wat hij ook deed of wreef, hij kreeg zijn vinger niet meer schoon.

Toen IJzeren Hans die avond thuiskwam, merkte hij meteen wat er gebeurd was en hij zei: 'Je hebt de bron verontreinigd! Als het nog één keer gebeurt, zal ik je moeten wegsturen!'
De jongen beloofde beterschap, maar toen hij de volgende dag bij de bron zat, kreeg hij opnieuw pijn aan zijn vinger. Hij had evenwel zijn lesje geleerd en stak de vinger niet opnieuw in het water. Maar toen hij even met zijn hand over zijn voorhoofd wreef, viel een van zijn haren in het water en veranderde meteen in een gouden haar.
Toen IJzeren Hans die avond thuiskwam, merkte hij meteen wat er gebeurd was en zei: 'Je hebt de bron verontreinigd! Omdat je dat niet met opzet gedaan hebt, zal ik je nog een laatste kans geven!'
De volgende dag zat de jongen weer bij de bron en er kwam een vuiltje in zijn oog. Hij boog zich over de bron om zich erin te spiegelen en toen vielen zijn lange haren in het water en kreeg hij terstond een gouden haardos.

Toen IJzeren Hans die avond thuiskwam, zuchtte hij diep en zei verdrietig: 'Nu is de maat vol, jongen! Hier scheiden onze wegen!' Hij bracht de koningszoon het woud uit en zei: 'Ga de wijde wereld in en ervaar wat het is om arm te zijn en te werken voor je brood. Als je mij ooit nodig hebt, kom dan naar de rand van het woud en roep mijn naam. Ik ben machtiger dan je wel denkt!'

Zo trok de koningszoon de wijde wereld in, tot hij in een grote, vreemde stad kwam waar een koning woonde. Hij zocht werk, maar vond er geen en ten einde raad ging hij naar het paleis om te vragen of hij daar mocht blijven. De hovelingen hadden medelijden met hem en stuurden hem naar de keuken. Daar moest hij voor de kok hout halen voor het vuur, de vaat doen en de haard schoonhouden.

Op een dag had de kok niemand om de koning zijn eten te brengen en hij stuurde de jongen naar de eetzaal. De koning was erg verbaasd dat hij werd bediend door een koksmaatje dat zijn muts ophield en hij vroeg verstoord: 'Weet je dan niet dat je niet voor de koning kunt komen met een hoofddeksel?'

'Ach, heer!' zei de jongen. 'Ik kan mijn muts niet voor u afnemen, want ik heb schurft op mijn hoofd!'

Daarop stuurde de koning hem weg en liet de kok halen. 'Waarom laat je mij bedienen door een koksmaatje met schurft op zijn hoofd?' vroeg hij boos.

'Het zal niet meer gebeuren, majesteit', zei de kok. En hij nam een ander koksmaatje en stuurde de koningszoon door naar de tuinman.

Nu moest de koningszoon hele dagen wieden, spitten en voor de bloemen zorgen en dat vond hij eigenlijk wel fijn.

Op een dag was hij aan het werk in de tuin en het was zo warm, dat hij even zijn muts afnam om het zweet van zijn voorhoofd te wissen. De zon weerkaatste op zijn haren met zo'n hevig geflonker, dat de stralen een gouden vlek wierpen op de slaapkamermuur van de prinses.

De prinses sprong op, boog zich uit het raam om te zien waar die gouden glans vandaan kwam en riep naar de tuinjongen: 'Breng mij eens een bos bloemen!'

De koningszoon zette vliegensvlug zijn muts op en plukte een ruiker veldbloemen, die hij naar de prinses bracht.

Toen hij haar kamer binnenkwam, zei ze: 'Waarom neem je je muts niet af als je voor mij verschijnt?'

'Dat kan ik niet,' zei hij, 'want ik heb schurft op mijn hoofd!'

Maar sneller dan drie tellen pakte ze opeens zijn muts en trok ze van zijn hoofd. Zijn lange, gouden lokken vielen tot op zijn schouders en dat vond de prinses prachtig om te zien. Ze gaf hem een handvol dukaten voor zijn moeite, maar die wilde hij niet. Hij gaf ze aan de kinderen van de tuinman.

De volgende dag en de dag daarna liet de prinses de jongen opnieuw veldbloemen brengen. En opnieuw probeerde ze hem de muts van zijn hoofd te rukken, omdat ze zo hield van zijn gouden haar. Maar de jongen was op zijn hoede en hield zijn muts op.

Niet lang daarna raakte de koning in een oorlog verwikkeld met een naburig land, dat een machtig leger bezat. De koning riep alle weerbare mannen in het land op om tegen de vijand ten strijde te trekken, want hij was lang niet zeker dat hij zou kunnen winnen.

De koningszoon zei: 'Ik ben nu oud genoeg om de wapens voor de koning op te nemen. Geef mij een paard!'

Maar de andere soldaten lachten hem uit en alles wat hij na lang zeuren kreeg was een magere knol, die aan één voorpoot hinkte.

De koningszoon klom in het zadel, reed op zijn hinkende paard naar de rand van het woud en riep: 'IJzeren Hans! IJzeren Hans! Ik heb je nodig!'

Zijn woorden waren nog niet koud of daar kwam IJzeren Hans onder de bomen vandaan en hij vroeg: 'Waarmee kan ik je helpen?'

'Ik wil naar de oorlog,' zei de koningszoon, 'maar niet met een kreupel paard!'

'Je kunt een ander paard krijgen', zei IJzeren Hans. 'En meer dan dat ook!'

Het duurde niet lang of er kwam een stalknecht uit het woud die een vurig ros aan de teugel voerde en een harnas bij zich had voor de jongen. En achter hem aan kwam een grote schare geharnaste ruiters en hun zwaarden en lansen blonken in de zon.

Spoorslags vertrok de koningszoon aan het hoofd van zijn krijgsvolk naar de oorlog. De koning, die zware verliezen had geleden en op het punt stond zich over te geven, zag met vreugde de verse troepen naderen. Met doodsverachting gooiden de ruiters van de koningszoon zich in de strijd. Bijna meteen keerde de krijgskans en de vijand leed een smadelijke nederlaag.

De koningszoon echter wachtte niet op enige waardering of beloning en reed

spoorslags terug naar de rand van het woud.

'IJzeren Hans! IJzeren Hans! Ik heb je nodig!'

IJzeren Hans kwam onder de bomen vandaan en vroeg: 'Wat kan ik voor je doen?'

'Ik wil mijn kreupele paard terug!' zei de koningszoon.

Toen hij terugkwam in het paleis vroegen de andere soldaten hem spottend hoe hij het er in de oorlog afgebracht had met zijn manke knol. Maar de koningszoon zweeg, verzorgde zijn paard en ging toen terug naar de tuinman.

De koning, die erg verheugd was dat hij de vijand had verslagen, besloot een feest te houden dat drie dagen zou duren. En iedere dag zou de prinses op het balkon verschijnen en een gouden appel werpen naar de verzamelde soldaten.

'Misschien', zei de koning, 'komt die vreemde ridder die de oorlog heeft beslecht en daarna spoorloos verdwenen is, daar ook wel op af.'

De avond voor het feest begon, reed de koningszoon op zijn kreupele paard naar de rand van het woud en riep: 'IJzeren Hans! IJzeren Hans! Ik heb je nodig!'

'Wat wil je?' vroeg IJzeren Hans.

'Dat ik de gouden appel van de prinses kan vangen', zei de koningszoon. 'En ik alleen!'

'Het is of je hem al had!' zei IJzeren Hans. 'En ik zal je nog meer geven dan dat!'

De volgende dag verscheen de koningszoon aan het hof op een schitterend paard en in een prachtige rode wapenrusting. En toen de prinses op het balkon verscheen, was hij de enige die de appel kon vangen. Daarna verdween hij, even spoorloos als hij gekomen was.

De tweede dag kreeg de koningszoon van IJzeren Hans een schimmel en een witte wapenrusting. En weer was hij de enige die de gouden appel kon vangen. Dat begon de koning een beetje op de zenuwen te werken. 'Als er morgen weer zo'n geheimzinnige ridder komt opdagen,' zei hij, 'moet hij meteen omsingeld worden, voor hij kan ontkomen!'

Op de derde dag van het feest verscheen de koningszoon op een vurig zwart paard en in een zwarte wapenrusting. Hij ving moeiteloos de derde gouden appel, maar toen hij zich uit de voeten wilde maken, werd hij omsingeld door een grote overmacht van gewapende ruiters. De koningszoon pakte zijn zwaard en wist zich een uitweg te banen, maar in de hitte van het gevecht verloor hij zijn helm. Met wapperende gouden haren verdween hij in de richting van het woud.

De volgende dag liet de prinses de tuinman bij haar komen en vroeg hem hoe het met zijn hulpje ging. 'Die is gisteren pas laat thuisgekomen', zei de tuinman. 'Hij is ook nog op het feest geweest. Hij heeft mijn kinderen een gouden appel laten zien, die hij daar gewonnen had.'

Daarop liet de koning dadelijk de tuinjongen ontbieden. Zoals altijd droeg hij zijn muts, maar de prinses liep op hem toe en rukte ze van zijn hoofd. Zijn lange gouden haren vielen tot op zijn schouders en de koning vroeg: 'Ben jij de geheimzinnige ridder die de drie gouden appels heeft gevangen?'

De koningszoon haalde ze uit zijn zak en gaf de appels aan de koning. 'Ik heb niet alleen de gouden appels gevangen,' zei hij, 'maar je ook de overwinning in de oorlog bezorgd.'

'Als je daartoe allemaal in staat bent,' zei de koning, 'dan kun je natuurlijk nooit zomaar een tuinhulpje zijn!'

'Mijn vader is een machtige koning,' zei de jongen, 'en ik heb goud, zoveel ik maar wil.'

'Hoe kan ik je ooit bedanken?' vroeg de koning.

De koningszoon glimlachte. 'Als je mij de hand van je dochter wilt geven, beloof ik haar iedere dag verse veldbloemen te brengen!' zei hij.

Toen liep de prinses op hem toe en kuste hem.

Spoedig daarna werd de bruiloft gevierd. De ouders van de koningszoon waren ook op het feest, blij verrast dat hun zoon nog in leven was.

Maar de grootste verrassing kwam toen het feest al een tijdje aan de gang was. Toen verstomde opeens de muziek, alle gesprekken stokten en de deuren gingen wijd open voor een trotse koning met een schitterend gevolg. Hij ging naar de koningszoon toe, nam hem in zijn armen en zei: 'Ik ben IJzeren Hans, die betoverd was in een wildeman, maar door jouw moed heb je de betovering verbroken! Alle schatten die ik bezit, zullen voortaan je eigendom zijn!'

Het aardmannetje

Er was eens een rijke en machtige koning die drie dochters had die iedere dag in de paleistuin gingen spelen. Die tuin stond vol met prachtige, zeldzame bomen, waar de koning erg van hield. Maar het meest was hij nog gesteld op een appelboom, die ieder jaar vele rode vruchten droeg. De koning had iedereen streng verboden ook maar één appel van de boom te plukken. En was er toch zo'n onverlaat die dat zou durven, dan wenste hij hem meteen honderd meter onder de grond.

Op een dag waren de prinsessen weer eens in de paleistuin aan het spelen en de appelboom stond er in zijn volle glorie. Rijk beladen met blozende vruchten was hij, zo zwaar, dat zijn takken ervan kraakten en doorbogen tot op de grond. De jongste prinses zei tegen de andere twee: 'Kijk toch eens wat een prachtige appels! Vader heeft wel verboden om er één te plukken, maar dat geldt zeker niet voor ons, want wij zijn toch prinsessen?' En ze plukte een grote, rode appel, beet er gulzig in en liet er ook haar twee zusters van proeven. Nauwelijks hadden ze dat gedaan of ze verdwenen terstond.

Die middag kwamen de prinsessen niet op tijd terug voor het eten en ze waren nergens in de paleistuin te vinden. De koning werd met de minuut ongeruster en toen ze de volgende dag en de dagen daarna spoorloos bleven, riep hij alle mannen in zijn rijk op om hen te zoeken. Wie erin slaagde de prinsessen terug te vinden, zou met een van hen mogen trouwen.

Velen gingen meteen naar de geliefde prinsessen op zoek en kamden het hele land uit. Onder hen waren ook drie jagers, die na een lange tocht bij een geheimzinnig slot aankwamen waar geen mens te zien was, maar waar de tafel gedekt stond met dampende spijzen.

De drie jagers aten na enige aarzeling hun buikje rond en ze besloten in het slot te blijven, om vandaar uit hun zoektocht verder te zetten. Om de beurt zou een van hen een dag op het kasteel passen, terwijl de andere twee gingen zoeken.

Zo gezegd, zo gedaan.

De eerste dag was het de beurt aan de oudste om op het kasteel te blijven. Het was bijna middag en hij was bezig in de keuken, toen daar een klein mannetje binnenkwam dat de jager om een boterham vroeg. De jager sneed een stuk brood voor hem af en gaf het aan het mannetje, dat prompt het brood op de vloer liet vallen.

'Wil je het even voor mij oprapen?' vroeg hij.

De jager bukte zich en direct sprong het mannetje op zijn rug en gaf hem zó'n pak slaag, dat de oren van de jager ervan tuitten.

De dag daarna was het de beurt aan de tweede jager, wie het net zo verging als de eerste.

Die avond, toen de twee andere jagers thuiskwamen, klaagden de twee oudsten hun nood bij elkaar, maar ze vertelden niets aan de jongste, die ze misprezen om zijn domheid.

De derde dag was het de beurt aan de jongste om thuis te blijven. Het was bijna middag toen het mannetje binnenkwam en om een stuk brood vroeg. En toen de jager hem dat gegeven had, liet het mannetje het brood vallen en vroeg om het op te rapen.

De jongste jager werd boos en zei: 'Wat? Ben je te beroerd om het stuk brood dat ik je gegeven heb even zelf op te rapen?'

Het mannetje begon te krijsen als een big, maar de jongste jager pakte hem kort en goed op, legde hem over zijn knie en gaf hem zo'n verschrikkelijke pandoering, dat het mannetje gilde: 'Laat me los! Laat me los! Ik zal je vertellen waar de prinsessen zijn!'

De jongste jager hield op met slaan en vroeg: 'Wie ben jij eigenlijk?'

'Ik ben een aardmannetje,' zei het mannetje, 'en zoals ik leven er nog wel duizend meer onder de grond!'

Toen nam het aardmannetje de jongste jager mee naar een droogstaande bron, die heel diep was. 'Als je op de bodem komt,' zei hij, 'zijn daar drie kamers. In elke kamer zit een prinses opgesloten, bewaakt door een draak.'

'Zo, zo', zei de jongste jager.

'Alles wat je moet doen, is de draken hun koppen afhakken', zei het aardmannetje. 'Dan zijn de prinsessen vrij. Maar ik zou maar uitkijken met die twee vrienden van jou! Ze zijn voor geen haar te vertrouwen!' En toen verdween hij even spoorloos als hij gekomen was.

De jongste jager liep terug naar het kasteel en toen de twee anderen 's avonds thuiskwamen, vroegen ze hoe hij de dag had doorgebracht. De jongste vertelde hun wat er gebeurd was en de twee anderen werden geel en groen van afgunst, maar dat lieten ze niet merken.

De volgende dag trokken ze met z'n drieën naar de bron met een grote mand, een touw en een bel. Ze lootten erom wie het eerst in de bron zou afdalen en dat was dus de oudste. Hij klom in de mand met zijn zwaard en de bel en zei:

'Als je de bel hoort, moet je mij meteen weer naar boven halen!'

De twee andere jagers lieten hem zakken, maar nauwelijks was de oudste halverwege of hij luidde de bel, omdat hij toch niet zo op draken gesteld was.

Nu was het de beurt aan de tweede, die zo mogelijk nog banger was dan de oudste en zich nog veel vlugger weer liet ophalen.

Toen klom de jongste in de mand. Hij liet zich helemaal tot onder in de bron zakken en hij vond daar inderdaad drie deuren. Achter de eerste deur zat een prinses met een zevenkoppige draak. De draak sliep, met zijn zeven koppen in haar schoot. De jongste jager aarzelde niet, sloeg de draak zijn zeven koppen af en toen viel de bevrijde prinses zielsgelukkig om zijn hals.

Veel tijd voor liefkozingen had de jongste jager niet. Want achter de tweede deur zat nog een prinses met een vijfkoppige draak en achter de derde deur de jongste prinses met een vierkoppige draak. De jongste jager hakte er lustig op los en toen de drie draken al hun koppen kwijt waren, was het tijd om terug naar boven te gaan.

Eén voor één klommen de prinsessen in de mand, de jongste jager luidde telkens de bel en daar gingen ze, naar het daglicht en de vrijheid!

Daarop was het de beurt aan de jongste jager om bovengehaald te worden. Maar hij dacht aan de woorden van het aardmannetje en toen de mand weer naar beneden kwam, kroop hij er niet in. Hij legde een zware steen in de mand en luidde de bel.

Wat hij gevreesd had, gebeurde. De mand was nog niet halverwege of de twee oudste jagers sneden het touw door en met een doffe plof viel de mand met de steen op de bodem van de bron.

Boven bedreigden de twee jagers de prinsessen met de dood als ze ook maar één woord zouden reppen over wat er was gebeurd. Ze moesten zweren dat ze aan hun vader zouden vertellen dat het de twee jagers waren die hen hadden gered.

Terwijl zijn trouweloze vrienden met de prinsessen terugkeerden naar het paleis, liep de jongste jager doelloos door de drie kamers. Hij schopte tegen de levenloze drakenkoppen en zei: 'Aan jullie heb ik ook niets!'

Toen merkte hij opeens dat er aan de wand van een van de kamers een rieten fluitje hing. Hij zette het aan zijn mond en toen hij erop blies, stond daar opeens het aardmannetje voor hem.

'Wat kan ik voor je doen?' vroeg het aardmannetje.

'Ik wil naar boven!' zei de jongste jager.

Het aardmannetje sprong op zijn schouder, pakte hem bij zijn haar en kijk!, pijlsnel stegen ze de bron uit.

De jongste jager had veel tijd verloren op de bodem van de bron en zijn trouweloze vrienden hadden een ruime voorsprong op hem. Die was zo groot, dat de jongste jager pas bij het paleis van de koning kwam toen daar al de bruiloft werd gevierd van de oudste jager met de oudste prinses.

Toen de jongste jager op het feest verscheen en de drie prinsessen hem zagen, vielen ze flauw. De koning was hierover zo boos, dat hij de jongste jager meteen in de gevangenis liet gooien. Maar toen de prinsessen weer bijkwamen, smeekten ze hun vader om de jongste jager geen kwaad te doen.

'Waarom niet?' vroeg de koning.

'Dat kunnen we niet zeggen', zeiden de drie prinsessen.

'Als je het niet kunt zeggen, vertel het dan aan de keukenkachel!' zei de koning.

De drie prinsessen gingen naar de keuken en vertelden aan de kachel hun gruwelijke verhaal. Maar de koning was zijn dochters stiekem achternagelopen en stond achter de deur te luisteren.

Toen begreep hij wat er was voorgevallen. Hij liet de twee trouweloze jagers opknopen en de jongste jager trouwde met de jongste prinses. Want dat was de liefste.

De vliegende koffer

Er was eens een koopman die zo rijk was dat hij de hele straat had kunnen plaveien met het geld dat hij bezat. Maar dat deed hij toch maar niet. Van iedere cent maakte hij een daalder, zo'n koopman was dat. En toen ging op een dag de koopman dood en zijn enige zoon kreeg al zijn geld en begon aan een vrolijk leventje. Iedere avond ging hij naar een gemaskerd bal, hij plakte vliegers van bankbiljetten en liet goudstukken dansen over het water van de zee alsof het keitjes waren.

En toen, op een dag, had hij nog maar vier centen over, een paar pantoffels en een oude kamerjas. Eén voor één lieten zijn oude vrienden hem in de steek, behalve één, een goede jongen die hem een oude koffer liet bezorgen en zei: 'Pak je spullen daar maar in!'

Maar omdat de zoon van de koopman niets bezat dat hij kon inpakken, kroop hij zelf maar in de koffer.

Nu was deze koffer een wonderlijk ding. Als je op het hengsel drukte, begon hij zowaar te vliegen! Toen de jongen dat voor het eerst probeerde, vloog de koffer hop! door de schoorsteen, steeg tot hoog boven de wolken uit en vloog steeds verder en verder, tot in het land waar de Turken wonen. En dat was ver.

De jongen verborg de koffer in het woud onder wat struikgewas en ging naar de stad. Dat kon hij rustig doen, want alle Turken lopen op pantoffels en in kamerjas.

In de stad kwam hij een voedster tegen met een kindje. 'Vertel mij, voedster,' zei de jongen, 'van wie is dat grote kasteel vlak bij de stad, met al die hoge ramen?'
'Daar woont de dochter van de koning', zei de voedster. 'Men heeft voorspeld

dat ze verliefd zal worden op iemand die haar heel erg ongelukkig zal maken en daarom mag niemand haar zien zonder dat de koning en de koningin erbij zijn!'

'Bedankt!' zei de jongen en hij liep terug naar het woud, kroop in de koffer, landde boven op het dak van het paleis en klom door het raam van de kamer van de prinses naar binnen.

De prinses lag op de sofa te slapen. Ze was zo lief, dat de zoon van de koopman er niet aan kon weerstaan om haar te omhelzen. Ze werd wakker en schrok hevig, maar hij zei dat hij de god van de Turken was die voor haar uit de hemel was neergedaald en dat vond de prinses prachtig.

Ze gingen naast elkaar zitten en hij vertelde haar dat haar ogen leken op geheimzinnige donkere waters waarin zijn gedachten rondzwommen als meerminnen. Hij zei dat haar voorhoofd leek op besneeuwde bergen met kamers vol heerlijke beelden. En hij vertelde haar van de ooievaar die mooie kindjes brengt. Ja, hij kon prachtige verhalen verzinnen, de zoon van de koopman. En toen hij om de hand van de prinses vroeg, zei ze dan ook meteen ja.

'Kom zaterdag terug', zei de prinses. 'Dan zijn de koning en de koningin hier om thee te drinken. Ze zullen blij zijn dat ik ga trouwen met de god van de Turken. Maar let er wel op dat je een schitterend verhaal voor hen klaar hebt, want daar zijn ze dol op. Mijn moeder houdt van een verhaal waarvan je wat kunt leren en mijn vader lacht graag.'

'Goed', zei de zoon van de koopman. 'Dan zal ik als huwelijksgeschenk een mooi verhaal meebrengen.' Toen namen ze afscheid van elkaar en de prinses gaf hem een sabel die met goud versierd was en die hem misschien nog weleens van pas kon komen.

Hij vloog weg met zijn koffer, kocht onderweg een nieuwe kamerjas en keerde toen terug naar het woud om een goed verhaal te bedenken. Want dat is allemaal gemakkelijker gezegd dan gedaan!

De volgende zaterdag vloog de zoon van de koopman naar het kasteel van de prinses, waar de koning en de koningin en het hele hof al op hem zaten te wachten.

'Wilt u ons een mooi en leerzaam verhaal vertellen?' vroeg de koningin.

'Maar het mag ook een beetje om te lachen zijn!' zei de koning.

'Graag!' zei de zoon van de koopman. 'Er was eens een doosje met lucifers die

heel trots waren op hun hoge afkomst. Hun stamboom, dat wil zeggen, de grote spar waarvan ze allemaal een deeltje waren, was ooit een grote, oude boom geweest die in het woud groeide. De lucifers lagen nu op een rek tussen een aansteker en een oude ijzeren pot, die ze vaak over hun jeugd vertelden. "Ach ja," zeiden ze dan, "toen waren we nog groen en jong. Iedere ochtend en iedere avond dronken we diamantthee, dat wil zeggen, dauw. De hele dag lang luisterden we naar de verhalen van de vogels die in de takken van onze stamboom kwamen zitten. We beseften heel goed hoe rijk we wel waren, want onze familie stond het hele jaar door goed gekleed in het groen, terwijl de loofbomen naakt de winter moesten doorbrengen. En toen kwamen de houthakkers. Dat was de grote revolutie en onze familie raakte verdeeld. De stam werd de mast van een groot schip dat de hele wereld rond kon zeilen, de andere takken gingen ergens anders naar toe en wij kregen de opdracht om licht te brengen onder het gewone volk. Zo zijn wij, van hoge komaf, in deze simpele keuken terechtgekomen."

"Voor mij liggen de zaken heel anders", zei de ijzeren kookpot. "Vanaf het moment dat ik op deze wereld ben gekomen, werd ik eindeloos verhit en geschrobd. Ik hou mij met de kern van de zaak bezig en ik ben beslist de meest vooraanstaande in dit huis. Het is mij telkens een vreugde om na de maaltijd netjes gepoetst terug te keren naar dit rek, om mij te onderhouden met mijn vrienden. Met uitzondering van de emmer, die van tijd tot tijd weleens de binnenplaats bezoekt, blijven wij altijd binnen. De enige van wie we horen wat er buiten omgaat is de mand, die geregeld naar de markt gaat. Maar wat zij vertelt over de regering en de mensen slaat nergens op."

"Jij praat te veel!" zei de aansteker, die zijn vuursteen liet vonken. "We kunnen beter wat lol trappen!"

"Ja, laten we kijken wie hier de belangrijkste is!" riepen de lucifers.

"Nee", zei de aarden kruik. "Ik hou er niet zo van om over mezelf te praten. Laten we elkaar verhalen vertellen. Zal ik beginnen? Het verhaal speelt zich af aan de oever van de Baltische zee, onder de beuken van Denemarken..."

"Dat is alvast een mooi begin", zeiden de diepe en de platte borden in koor.

"Ik heb er mijn jeugd doorgebracht in een rustig gezin", zei de kruik. "De meubels werden er geregeld in de boenwas gezet, de plankenvloer geschrobd en om

de twee weken werden er fris gewassen gordijnen gehangen."
"Een interessant verhaal!" zei de bezem. "Je hoort meteen dat er een vrouw aan het woord is. Een net begin!"
"Gelijk heb je!" zei de emmer, die een vrolijk sprongetje uitvoerde op de plankenvloer.
En toen maakte de kruik haar verhaal af en het einde was al even spannend als het begin.
Alle borden lachten dat ze schokten, de bezem nam wat peterselie om er de kruik mee te bekronen en om de anderen te pesten. En omdat hij dacht: Dan krijg ik morgen van haar misschien ook een kroontje.
"En nu wil ik dansen!" zei de vuurtang en ze gooide haar benen zo hoog in de lucht, dat de oude bekleding van de stoel in de hoek zich er prompt van bescheurde.
"Mag ik nu ook een kroontje van peterselie?" vroeg de vuurtang. En dat mocht. Het is toch maar keukengepeupel, alles bij elkaar, dachten de lucifers.
Nu was het de beurt aan de theepot om een liedje te zingen, maar hij beweerde dat hij verkouden was en alleen maar kon zingen als zijn water bijna aan de kook was.
Bij het raam lag een oude ganzenveer waarmee de meid soms iets opschreef. Het enige opmerkelijke aan haar was dat ze te diep in de inktpot gedoopt was, maar daar ging ze juist prat op. "Als de theepot niet wil zingen, moet hij zijn teut maar houden!" zei ze. "Buiten zit een nachtegaal in een kooi. Misschien kunnen we hém vragen om wat voor ons te zingen?"
"Moeten we echt luisteren naar zo'n vreemde vogel?" vroeg de theewarmer, die een broer was van de theepot. "Waar is jullie vaderslandsliefde gebleven? En wat vindt de mand hiervan?"
"Ik ben diep geschokt!" zei de mand. "Is dat nu een manier om de avond door te brengen? We zouden beter de keuken opruimen!"
Dat vonden de anderen een goed idee. Maar toen ging opeens de deur open en kwam de meid binnen, zodat iedereen zich schielijk heel rustig moest houden.
De meid pakte de lucifers en stak ze aan, en ze krompen in elkaar van de hitte. Iedereen kan nu goed zien hoe belangrijk we zijn! dachten ze. Kijk maar hoeveel licht we geven! Zoveel licht... En toen doofden ze uit.'

'Dat was een mooi verhaal!' zei de koningin. 'Ik zie die keuken zó voor mij. Ja, jij moest maar met onze dochter trouwen!'

'Volgende maandag houden we de bruiloft!' zei de koning, die van opschieten hield.

De avond voor het huwelijk was het groot feest in de stad. Met koek en krakelingen en ander lekkers en met muziek. De mensen verdrongen zich in de straten, schreeuwden van vreugde en floten op hun vingers. Prachtig was dat!

Om iets terug te doen, kocht de zoon van de koopman vuurpijlen en gillende keukenmeiden en al het vuurwerk dat je maar bedenken kunt. Hij pakte het allemaal in zijn koffer en vloog ermee hoog boven de stad.

Psssch! Boem! Krak-krak-krak! Dat was me het vuurwerkje wel!

Alle Turken maakten sprongetjes van schrik, hun pantoffels vlogen hen om de oren. Zo'n luchtspektakel hadden ze nog nooit gezien. Nu begrepen ze dat de prinses inderdaad ging trouwen met de god van de Turken zelf.

Na het vuurwerk zette de zoon van de koopman zijn koffer aan de grond in het woud en hij dacht: Ik moet terug naar de stad, om te horen hoe mijn toekomstige onderdanen genoten hebben!

In de stad vertelden de mensen hem wonderlijke verhalen. Iedereen die hij aansprak had het vuurwerk gezien op zijn manier, maar allen waren opgetogen.

'Ik heb de god van de Turken in hoogsteigen persoon gezien', zei er een. 'Hij had ogen als sterren en een baard zoals het schuim van de branding!'

'Hij vloog hoog daarboven in een mantel van vuur', zei een tweede. 'En vanuit de plooien staken wel duizend lieve engeltjes hun kopje op!'

O ja, de zoon van de koopman hoorde niets dan goeds over de god van de Turken en morgen zou hij trouwen met de prinses!

En hij liep terug naar het woud om in zijn koffer te gaan slapen. Maar, waar was de koffer gebleven? Hij was opgebrand! Eén klein vuurpijltje dat achtergebleven was, had de koffer in de as gelegd. Nu kon hij onmogelijk nog naar zijn verloofde terugvliegen!

De prinses wachtte de hele volgende dag op haar beminde en misschien wacht ze nog. En de zoon van de koopman zwerft zielfsbedroefd de hele wereld rond en vertelt overal zijn verhalen, maar die zijn lang niet zo mooi als wat hij vertelde over de lucifers.

Hans mijn Egel

Er was eens een welstellende boer wie het aan niets ontbrak, behalve aan kinderen, want die had hij niet. Wanneer hij met de andere boeren naar de stad trok, lachten ze hem daar vaak mee uit en vroegen ze hem waarom zijn vrouw toch geen kinderen kon krijgen. Op een keer werd de boer daar zó boos over, dat hij, toen hij thuiskwam, tegen zijn vrouw zei: 'Ik wil een kind hebben, ook al was het een egel!'

Negen maanden later baarde de vrouw een kind, dat er vanboven uitzag als een egel en van onderen als een mens. De vrouw was hierover erg ontdaan en riep: 'Kijk eens wat je nu gedaan hebt! Je hebt het noodlot over ons afgeroepen!'

Ze noemden het kind Hans mijn Egel. Hij kon niet gezoogd worden, want zijn stekels zouden zijn moeder verwond hebben. En omdat hij ook niet in een wiegje kon liggen, kreeg hij een plaatsje achter de kachel, waar hij sliep op een laag stro. Acht jaar lang lag Hans mijn Egel daar achter die kachel en de boer was hem liever kwijt dan rijk geweest.

Op een dag ging de boer naar de stad en vroeg aan zijn vrouw wat hij voor haar moest meebrengen. 'Een beetje vlees en een paar broden', zei ze.

Toen vroeg hij aan de meid wat ze graag uit de stad wilde hebben en ze antwoordde: 'Een paar pantoffels en kousen met een ingebreide hiel.'

Daarna vroeg de boer aan Hans mijn Egel of hij nog iets uit de stad nodig had en hij zei: 'Ik zou graag een doedelzak hebben.'

Die avond kwam de boer met zijn boodschappen terug uit de stad. Nu Hans mijn Egel de begeerde doedelzak had, zei hij tegen zijn vader: 'Vadertje lief, ga alsjeblieft voor mij naar de smid en laat de haan beslaan. Daarna zal ik voorgoed vertrekken!'

Eindelijk, dacht de boer, en hij wist niet hoe vlug hij de haan bij de smid moest brengen.

Toen de haan beslagen was, ging Hans mijn Egel met de doedelzak op zijn rug zitten en nam afscheid van zijn ouders. Alles wat hij verder meekreeg was een kleine kudde varkens en ezels, want die wilde hij gaan hoeden, diep in het bos.

In het bos liet hij zich door de haan naar de top van een hoge boom vliegen. Vandaar kon hij zijn kudde in de gaten houden en het was een prachtige plaats om doedelzak te spelen, iets waar hij in de loop van de tijd erg bedreven in werd.

Jaren gingen zo voorbij, tot er op een dag een koning voorbijkwam die in het bos verdwaald was. De koning hoorde opeens wonderlijke doedelzakmuziek en stuurde er een dienaar op af om te kijken waar het geluid vandaan kwam.

De dienaar trof Hans mijn Egel boven in een boom aan, zittend op een haan en vrolijk blazend op zijn doedelzak.

De koning keek vol verbazing naar het merkwaardige wezen boven in de boom en zei: 'Ik ben hopeloos verdwaald! Kun je mij misschien de weg wijzen naar de stad?'

Dat kon Hans mijn Egel zeker, als de koning maar bereid was om op papier te zetten dat het eerste wat hij bij zijn thuiskomst zou zien het eigendom zou worden van Hans mijn Egel.

De koning dacht: Ik kan opschrijven wat ik wil, want die rare kwast kan toch niet lezen! Hij krabbelde wat onzin op een stuk papier en toen reed Hans mijn Egel voor hem uit op zijn haan en bracht de koning en zijn gevolg op de weg naar de stad.

Toen de koning thuiskwam, was de eerste die hem tegemoet liep zijn enige dochter, die blij was haar vader gezond en wel terug te zien. Hij vertelde haar wat er in het bos was gebeurd en over de belofte die hij had gedaan. De dochter werd bleek en zei: 'Ben ik nu het eigendom van een egeljongen?'

De koning grijnsde breed en zei: 'Ik heb hem een papiertje gegeven waar alleen wat onzin op staat.'

Toen haalde de prinses opgelucht adem en zei: 'Gelukkig maar! Ik mag er niet aan denken dat...' En ze gruwde.

Jaren gingen voorbij. Hans mijn Egel hoorde niets meer van de koning, maar dat liet hij niet aan zijn hart komen. Alle dagen was hij vrolijk en blij en zijn kudde groeide gestaag.

Op een dag kwam er een andere koning door het bos gereden, die ook alweer verdwaald was en opeens die wonderlijke muziek hoorde.

De koning keek vol verbazing naar het merkwaardige wezen en zei: 'Ik ben hopeloos verdwaald! Kun je mij misschien de weg wijzen naar de stad?'

Dat kon Hans mijn Egel zeker, als de koning maar bereid was om op papier te zetten dat het eerste wat hij bij zijn thuiskomst zou zien het eigendom zou wor-

den van Hans mijn Egel.

De koning, die oud was en al dagen door het bos dwaalde, wilde dolgraag naar huis en gaf zonder veel nadenken de schriftelijke belofte waar Hans mijn Egel om vroeg.

Toen de oude koning thuiskwam, was de eerste die hem tegemoet liep zijn enige dochter, die blij was haar vader gezond en wel terug te zien. Hij vertelde haar wat er in het bos was gebeurd en over de belofte die hij had gedaan. De dochter werd bleek en zei: 'Ben ik nu het eigendom van een egeljongen?'

'Ik vrees van wel', zei de oude koning met een grote zucht.

De prinses zei dapper: 'Dan is het ook maar zo. Wanneer je die belofte niet had gedaan, had ik je wellicht nooit meer teruggezien!'

Opnieuw gingen er jaren voorbij. De kudde varkens en ezels was intussen zo groot geworden, dat het bos ervan uitpuilde. Daarom liet Hans mijn Egel zijn vader weten dat hij eraan kwam met zijn kudde en dat iedereen in het dorp zich moest voorbereiden op een nooit geziene slacht. De moed zonk de rijke boer in de schoenen, want hij had nooit verwacht dat Hans mijn Egel nog in leven zou zijn.

Enige tijd later dreef Hans mijn Egel, gezeten op zijn haan, zijn kudde het dorp binnen. Mensenlief! Was me dat een slachtpartij! Er waren nauwelijks genoeg stenen potten in het dorp om al het vlees in te zouten.

Toen hij eenmaal van zijn kudde af was, zei Hans mijn Egel tegen zijn vader: 'Vadertjelief, wil je mijn haan opnieuw laten beslaan? Dan kan ik weer wegtrekken en kom ik nooit meer terug!'

De boer haalde opgelucht adem en wist niet hoe gauw hij bij de smid moest komen.

Toen de haan goed en wel beslagen was, klom Hans mijn Egel op zijn rug, nam afscheid van zijn ouders en reed weg. Recht naar het rijk van de eerste koning die hij had geholpen.

Deze koning had, zodra hij thuisgekomen was, het bevel gegeven aan de wacht dat, als zij ooit een egelachtig wezen, gezeten op een haan en blazend op een doedelzak, in het vizier zouden krijgen, ze hem moesten doden.

Toen Hans mijn Egel voor de poorten van het paleis kwam, stormden hem meteen soldaten tegemoet, die hem bedreigden met bajonetten en met pieken. Maar Hans mijn Egel gaf zijn haan de sporen en die vloog hoog boven de soldaten heen, tot bij het raam van de koning.

Hans mijn Egel zei kort en goed dat hij gekomen was om te halen wat de

koning hem schriftelijk had beloofd. Wanneer dat niet gebeurde, zouden de koning en zijn dochter sterven.

De koning, doodsbang, kon zijn dochter ten slotte overtuigen om met Hans mijn Egel mee te gaan. De prinses kleedde zich in een witte jurk en de koning liet een prachtige koets komen, getrokken door zes schimmels. Hans mijn Egel nam met zijn haan en zijn doedelzak naast de prinses plaats in de koets en reed weg.

Maar het pakte anders uit dan de koning en de prinses hadden gedacht. Toen de koets een eind buiten de stad was gekomen, liet Hans mijn Egel de koetsier halt houden. Hij rukte de prinses de kleren van haar lijf en verwondde haar over haar hele lichaam met zijn stekels, tot bloedens toe. 'Dit is je beloning voor je ontrouw!' zei Hans mijn Egel. 'Scheer je weg! Ik wil je niet hebben!' En hij gooide haar de koets uit, zo naakt als ze was.

Daarna reed Hans mijn Egel naar het rijk van de oude koning. Die had bij zijn thuiskomst het bevel gegeven dat, als de stad ooit bezocht zou worden door een egelachtig wezen dat doedelzak speelde, gezeten op een haan, ze het moesten inhalen als een prins.

Toen Hans mijn Egel bij het paleis van de oude koning kwam, gingen meteen alle deuren voor hem open en werd hij voor de koning en de prinses gebracht, die met grote ogen naar haar bruidegom keek. Maar ze hield zich kranig en was heel lief voor hem.

Spoedig daarna werd de bruiloft gevierd en toen Hans mijn Egel en de prinses laat die nacht naar bed gingen, zei Hans mijn Egel: 'Wees maar niet bang! Ik zal je geen pijn doen!' En hij nam de oude koning even apart en vroeg hem om vier dienaren, die de wacht moesten houden vóór de slaapkamer en daar een groot vuur aanmaken. Als hij hun een teken zou geven, moesten ze de slaapkamer binnenstormen, de egelhuid die dan op de vloer zou liggen weggrissen en meteen in het vuur gooien.

Toen Hans mijn Egel voor het bed stond, stroopte hij de egelhuid van zijn lichaam, wierp hem op de vloer en klopte op de deur. De vier dienaren van de koning stormden meteen naar binnen, gristen de egelhuid weg en gooiden hem in het vuur, waar hij helemaal opbrandde.

Hans mijn Egel lag op het bed, met een huid zo zwart als roet, net alsof hij was verbrand. Maar de dokters van de koning wreven hem in met kruidenzalf en na een paar dagen was Hans mijn Egel veranderd in een ranke, blanke jongen, zo mooi als een prins.

Toen werd pas goed de bruiloft gevierd en de prinses kon haar geluk niet op.

Een paar jaar gingen voorbij in gezondheid en geluk. Toen besloot Hans mijn Egel op een dag om met zijn vrouw zijn oude vader op te zoeken. En toen hij weer thuiskwam, maakte hij zich bij zijn vader bekend als zijn zoon.

Maar de boer zei dat hij nooit een zoon had gehad, tenzij een misbaksel, half egel, half mens, dat de wijde wereld was in getrokken op een haan en met een doedelzak.

Maar Hans mijn Egel deed hem zijn hele verhaal en de boer was in de hoogste hemel en ging met Hans mee naar zijn koninkrijk, waar hij nog een gelukkige oude dag beleefde.

En toen kwam er een olifant met een lange snuit en die blies dit hele sprookje uit!

De witte slang

Lang geleden leefde er eens een koning die in zijn hele land en ver daarbuiten beroemd was om zijn wijsheid. Niets van wat er gebeurde, leek hem te ontgaan.
Van alles was hij op de hoogte, zonder dat hij daar blijkbaar enige moeite voor hoefde te doen. Alsof de wind zelf hem alle nieuwtjes in zijn oren kwam fluisteren.
Deze koning nu had een merkwaardige eetgewoonte. Iedere dag, nadat de tafel was afgeruimd en alle gasten waren verdwenen, werd er voor de koning alleen nog een schotel gebracht door een trouwe dienaar. Deze dienaar wist zelf niet wat er op de schotel lag, omdat er een deksel op stond.
Op een dag kon de dienaar zijn nieuwsgierigheid niet langer bedwingen. Hij bracht de schotel stiekem naar zijn kamer, deed de deur op slot en tilde met bevende handen het deksel op. Op het bord lag een gebakken, witte slang!
De dienaar sneed er een stukje van af en at het op. Tot zijn verbazing hoorde hij opeens fijne stemmetjes door het openstaande raam. Het was een bende mussen, die luidkeels ruzie aan het maken waren. Door het eten van het slangenvlees kon hij op slag de taal van de dieren verstaan!
Nu gebeurde het dat deze dienaar er op een dag van werd verdacht een kostba-

re ring van de koningin gestolen te hebben. Als hij de ring niet vóór de avond kon terugbezorgen, wachtte hem een strenge straf.

De dienaar, die onschuldig was, zat in zak en as. Hij zwierf piekerend door het paleispark en kwam bij de grote vijver, waar wat eenden bij elkaar zaten. Hij hoorde ze aan elkaar vertellen waar ze die dag overal rondgescharreld hadden en opeens zei een van de eenden dat hij onder het slaapkamerraam van de koningin per ongeluk een ring had ingeslikt die in het gras gevallen was en dat die hem nu zwaar op de maag lag.

De dienaar grabbelde meteen de eend bij de strot, bracht hem naar de kok en zei: 'Deze moest je maar eens slachten!'

De kok kneep in de malse billen van de eend en zei: 'Een lekker brokje!' Hij hakte de eend de kop af en toen hij hem schoonmaakte, vonden ze de ring van de koningin.

De dienaar werd terstond in ere hersteld en wat de koning betrof, kon hij meteen om de hoogste post vragen in het koninkrijk. Generaal, hofmaarschalk, opperstalmeester – hij hoefde maar te spreken en zijn mond zou opengaan! Maar alles wat de dienaar verlangde was een paard en wat reisgeld, want het was zijn verlangen om de wijde wereld in te trekken.

Op een dag kwam hij zo langs een vijver waar drie vissen gekneld zaten tussen het riet en hulpeloos naar water hapten. En alhoewel iedereen zegt dat vissen stom zijn, hoorde hij hen klagen dat ze gedoemd waren een ellendige dood te sterven.

De dienaar kreeg medelijden met hen, hij steeg van zijn paard en zette de vissen terug in het water.

'Dat zullen we niet vergeten!' riepen de vissen verheugd.

Een paar dagen later, toen de dienaar een stoffig pad bereed, hoorde hij in het zand opeens iemand foeteren dat iedereen maar onbekommerd met zijn lompe voeten of poten overal rondstampte. Het was de koningin van de mieren, die elke dag onderdanen verloor door het ondoordachte gedrag van de mensen.

De dienaar stuurde zijn paard meteen een zijweg in en de koningin van de mieren riep dankbaar: 'Dat zal ik niet vergeten!'

Nog wat later kwam hij aan de rand van een groot bos waar een ravenpaar zonder pardon hun drie jongen het nest uitzetten. 'Jullie zoeken voortaan jullie kostje zelf maar bij elkaar!' riepen de oude raven boos. 'We zijn het beu om jullie te blijven voederen.'

De jonge raven zaten hulpeloos bij elkaar op de grond en schreeuwden dat ze honger hadden, maar de oude raven maakten zich hardvochtig uit de voeten.

De dienaar kreeg medelijden met de jonge raven. Hij sprong van zijn paard, doodde het en zei: 'Hier, dat moet voldoende zijn voor de komende dagen!'

De raven vielen meteen aan op het zoete paardenvlees en riepen: 'Dat zullen we niet vergeten!'

De dienaar moest nu te voet verder. Na een lange tocht kwam hij in een grote stad waar onder de mensen een enorme opwinding heerste. Op alle straathoeken maakte een boodschapper van de koning bekend dat de dochter van de koning een man zocht. Wie erin slaagde een moeilijke opdracht te vervullen, zou haar hand krijgen. Maar wie niet slaagde, moest sterven.

De dienaar, die meteen verblind werd door de grote schoonheid van de prinses, gaf zich zonder aarzelen op als kandidaat.

Hij werd terstond door de koning zelf meegenomen naar het strand. Daar trok de koning een ring van zijn vinger, gooide die ver in zee en zei: 'Vanavond wil ik hem terug hebben! Zo niet, dan gaat je kop eraf!'

Toen de avond langzaam begon te vallen, zat de dienaar moederziel alleen op het strand. Het was hem droef te moede, want het was duidelijk dat hij naar een huwelijk met de prinses zou mogen fluiten en dat hij morgen een kopje kleiner gemaakt zou worden.

Toen kwamen daar opeens de drie vissen aangezwommen die hij verlost had uit het riet. Een van hen had in zijn bek een schelp, die hij voorzichtig op het strand legde. Toen de dienaar de schelp openmaakte, zat daarin de ring van de koning! Opgetogen liep de dienaar naar het paleis terug, zeker van zijn beloning.

Maar de trotse koningsdochter haalde haar neus op voor een man van zo'n geringe komaf en probeerde de zaak uit te stellen door een nieuwe opdracht te verzinnen. Ze liep naar de tuin, goot daar tien zakken graan uit tussen het gras en zei dat, als hij het graan weer bij elkaar kon zoeken tegen de volgende morgen, ze met hem zou trouwen.

De dienaar bleef alleen in de tuin achter en was radeloos. Hoe kon hij ooit al dat graan weer in de zakken krijgen? Ten slotte viel hij in een rusteloze slaap. Toen hij de volgende ochtend bij het eerste hanengekraai wakker werd, stonden de tien zakken keurig gevuld tegen de tuinmuur. Want tijdens de nacht was de mierenkoningin hem met haar hele volk te hulp gesneld en hadden de mieren nijver alle graankorrels verzameld.

Het hart van de dienaar sprong op van vreugde en hij holde naar het paleis om het goede nieuws te vertellen en zijn beloning te krijgen.

De prinses stond paf van verbazing toen ze de gevulde zakken zag, maar nog was ze niet tevreden. 'Ik kan pas met je trouwen als je mij een gouden appel brengt van de Boom des Levens', zei ze.

De Boom des Levens! Daar had de dienaar ooit weleens van gehoord, maar waar moest je die in vredesnaam vinden? Een beetje doelloos trok hij op goed geluk de wereld in, hij dwaalde door wel drie koninkrijken, dag in dag uit zijn eigen tenen achterna, tot hij op een dag in een groot bos kwam en onder een boom ging zitten uitrusten.

Hij zat daar nog maar pas of hij hoorde boven zich takken ritselen en daar viel naast hem een gouden appel in het mos!

Drie raven kwamen naar beneden gevlogen en gingen op zijn knie zitten. Het waren de drie raven voor wie hij zijn paard had opgeofferd. Ze hadden van zijn moeilijkheden gehoord en waren meteen, vele, vele dagreizen ver, naar de Boom des Levens gevlogen om een gouden appel voor hem te plukken!

Met een hart zo groot als een huis vatte de dienaar de terugtocht aan en bracht de gouden appel naar de prinses. Ze aten hem samen op en toen werd het hart van de prinses vervuld van een grote liefde voor hem en trouwde ze met hem. En ze leefden nog lang en gelukkig en werden samen heel oud.

De twaalf jagers

Er was eens een koningszoon die een verloofde had van wie hij erg veel hield. Terwijl hij een keer bij haar op bezoek was en zich heel erg gelukkig voelde, bereikte hem het nare bericht dat hij meteen naar huis moest komen omdat zijn vader stervende was.

De koningszoon zei: 'Ik moet helaas dringend naar huis. Neem deze ring als aandenken. Als ik koning geworden ben, zal ik je komen halen en dan kunnen we trouwen.'

Daarop reed de koningszoon weg en toen hij bij het paleis kwam, werd hij zonder dralen bij het sterfbed van zijn vader gebracht. 'Lieve zoon,' zei de oude koning, 'mijn tijd is bijna om. Ik heb voor jou altijd een prinses in gedachten gehad met wie je maar moest trouwen.' En hij noemde hem de naam van de aanstaande bruid, die in een ver land woonde. 'Wil je mij dat beloven? Dan kan ik rustig sterven!'

De koningszoon was zo door verdriet overmand, dat hij zei: 'Ik beloof het je, vader!'

En toen gaf de oude koning de geest.

Enkele dagen daarna werd de koningszoon tot koning uitgeroepen en toen de rouwtijd voorbij was, liet de nieuwe koning om de hand van de koningsdochter verzoeken, die door zijn vader voor hem bestemd was. De vader van de prinses ging graag op het aanbod in, maar toen de vroegere verloofde het nieuws vernam, vreesde ze van verdriet te bezwijken.

Haar vader vroeg: 'Lieve kind, waarom heb je toch zo'n verdriet? Je kunt toch alles krijgen wat je hartje begeert?'

Ja, dacht de prinses, behalve mijn liefste! En ze zei: 'Vader, ik wil graag elf meisjes hebben die precies zo'n figuur, zo'n gezicht en zo'n gestalte hebben als ikzelf!'

'We zullen zien wat we kunnen doen', zei de koning. Het was geen geringe opgave, maar toch slaagden na enige tijd dienaren van de koning erin om elf meisjes te vinden die als druppels water leken op de prinses.

Daarop liet de prinses twaalf dezelfde jagerspakken maken. De elf meisjes moesten deze pakken aantrekken en zelf trok de prinses het twaalfde pak aan.

Zo uitgedost nam de prinses afscheid van haar vader en met z'n twaalven reisden ze af naar het hof van haar vroegere verloofde.

De prinses liet zich bij de koning aandienen en vroeg of hij wellicht de diensten van twaalf jagers kon gebruiken. De koning, die haar niet herkende, maar erg ingenomen was met de schoonheid van de jagers, nam hen daarop in dienst.

Nu had de koning een leeuw die erg slim was en veel dingen wist. En op een dag sprak de leeuw tot de koning: 'Weet je wel wie eigenlijk die jagers zijn?'

'Nee', zei de koning verbaasd.

'Het zijn geen jagers, maar twaalf meisjes!' zei de leeuw.
'Dat is moeilijk te geloven', zei de koning.
'Neem de proef op de som', zei de leeuw. 'Laat ze morgen bij je komen en strooi de vloer van de troonzaal vol met droge erwten. Mannen zetten hun voeten stevig op de grond en hebben van erwten geen hinder, maar meisjes glijden er steevast over uit!'
Zo gezegd, zo gedaan. De vloer van de troonzaal werd vol met droge erwten gestrooid en toen liet de koning de twaalf jagers komen. Maar de avond tevoren had een hofdienaar, die de jagers goed gezind was, hun de list van de leeuw verklapt. Toen de twaalf jagers de troonzaal binnenkwamen, zetten ze hun voeten stevig op de grond en niet één gleed uit.
'Zie je nu wel', zei de koning tegen de leeuw. 'Je had het bij het verkeerde eind!'
'Iemand moet hen gewaarschuwd hebben', zei de leeuw onverstoorbaar. 'Laat in de troonzaal twaalf spinnewielen plaatsen en laat morgen de jagers komen. Geen meisje dat haar ogen kan afhouden van een spinnewiel!'
Zo gezegd, zo gedaan. In de troonzaal werden twaalf spinnewielen geplaatst en de volgende morgen ontbood de koning opnieuw de twaalf jagers. Maar de dienaar die hen gunstig gezind was en het gesprek tussen de leeuw en de koning had afgeluisterd, had de prinses op tijd gewaarschuwd.
Toen de twaalf jagers de volgende morgen in de troonzaal kwamen, schonken ze dan ook geen ogenblik aandacht aan de spinnewielen die daar stonden, hoe moeilijk dat ook was.
'Jij bent een leugenaar!' zei de koning tegen de leeuw. 'Ik geloof je niet meer!'
De twaalf jagers trokken geregeld met de koning op jacht en zijn waardering voor hen groeide met de dag. Op een keer, toen ze weer eens op jacht waren, kwam het bericht dat de nieuwe bruid van de koning in aantocht was.
Toen de vroegere verloofde van de koning dat hoorde, viel ze flauw. De koning, hevig verontrust, sprong van zijn paard, liep naar de bewusteloze prinses toe en trok haar handschoen uit. En toen zag hij de ring die hij haar als pand voor zijn eeuwige trouw had gegeven. Hij keek aandachtig naar haar gezicht en herkende haar en begreep niet hoe hij al die tijd zo blind had kunnen zijn. Hij nam haar in zijn armen, kuste haar tot ze haar ogen opsloeg en zei: 'Mijn lieve, lieve prinses! Niemand zal er ooit nog tussen ons staan!' En hij liet meteen een bood-

schapper afreizen naar de in aantocht zijnde bruid om te zeggen dat ze beter rechtsomkeert kon maken. Want je hebt geen nieuwe sleutel nodig wanneer je de oude teruggevonden hebt.

Weldra werd de bruiloft gevierd in grote luister en in aanwezigheid van tal van voorname gasten.

En de leeuw? Die werd opnieuw in genade aangenomen, omdat hij toch de waarheid gesproken had!

De ransel, het hoedje en het hoorntje

Er waren eens drie broers die tot zo'n bittere armoede waren vervallen dat ze op de duur niets meer hadden om te eten en grote honger leden. Omdat het zo niet verder kon, besloten ze om de wijde wereld in te trekken en elders hun geluk te beproeven.
Op een dag kwamen ze in een groot bos en in het midden van dat bos bevond zich een berg van zilver. De eerste broer zei: 'Dit maakt mijn geluk wel groot

genoeg!' Hij pakte zoveel zilver als hij dragen kon en ging terug naar huis.

De twee overgebleven broers zetten hun reis voort en kwamen in een nog groter bos dan het eerste en in het midden van dat bos bevond zich een berg van goud. De tweede broer zei: 'Dit maakt mijn geluk wel groot genoeg!' Hij pakte zoveel goud als hij dragen kon en ging terug naar huis.

Maar de derde broer zei bij zichzelf: 'Zilver en goud zeggen mij niets. Ik zal niet rusten voor ik het ware geluk heb gevonden.'

Dagen later kwam hij in een nog veel uitgestrekter bos dan de eerste twee. Er leek wel geen einde aan te komen. Omdat hij grote honger had, klom hij ten slotte in een hoge boom om te kijken of hij nergens een huisje zag en of hij de rand van het bos kon zien. Maar zover hij kijken kon, strekte het bos zich uit, tot aan de horizon en nog verder. En er was geen spoor te zien van enige menselijke aanwezigheid.

Terwijl hij moedeloos terug naar beneden klom, zei hij: 'Ach, wat zou ik nu blij zijn met een eenvoudige boterham en een slokje wijn!'

Toen hij terug op de begane grond stond, lag er tot zijn verbazing een tafelkleedje op het mos, dat vol stond met dampende, lekkere schotels. Er was vleesgebraad en vis, groenten en zeldzaam fruit en een kruik heerlijke wijn.

De jongen vroeg zich niet af waar het tafelkleedje vandaan gekomen kon zijn en viel hongerig op het eten aan. En toen hij helemaal voldaan was, vouwde hij het tafelkleedje op en stak het in zijn zak.

Op een avond kwam hij, diep in het bos, bij het huisje van een kolenbrander. De man was op een vuurtje aardappelen aan het koken en zei tegen de jongen: 'Het is een eenvoudige maaltijd, vreemdeling, maar als je honger hebt, schuif dan maar bij!'

'Nee,' zei de jongen, 'ik heb mijn eigen spullen meegenomen.' En hij haalde het wonderlijke tafelkleedje uit zijn zak, spreidde het uit in het gras en kijk!, meteen werd het door een onzichtbare hand gedekt met de lekkerste spijzen!

De kolenbrander kon zijn ogen niet geloven, maar de jongen zei met een glimlach: 'Tast toe! Er is genoeg voor ons beiden.'

Dat liet de kolenbrander zich geen twee keer zeggen, want iedere dag aardappelen eten is ook niet alles.

Toen de jongen en de kolenbrander hun buikje hadden rond gegeten, zei de kolenbrander: 'Luister eens, dat tafelkleedje zou net iets voor mij zijn! Wil je het niet ruilen?'

'Waarvoor?' vroeg de jongen.

'Ik heb hier een oude, versleten soldatenransel met een wonderlijke eigenschap', zei de kolenbrander. 'Als je erop klopt, komen er meteen een korporaal en zes soldaten uit die doen wat je hun beveelt.'

De jongen dacht even na en zei toen: 'Goed, we ruilen!'

Hij zette de volgende dag zijn reis verder en toen hij een eindje van het huisje van de kolenbrander af was, wilde hij toch even die wonderlijke ransel proberen. Hij klopte erop en terstond kwam er een korporaal met zes soldaten uitgekropen. 'Wat kunnen we voor u doen, meester?' vroeg de korporaal beleefd.

'Ga terug naar de kolenbrander en haal mijn tafelkleedje terug!' zei de jongen.

De korporaal en de soldaten draafden weg en kwamen weldra terug met het tafelkleedje.

De jongen zette grinnikend zijn weg voort en dacht: Ik kan mijn geluk niet op! De volgende avond kwam hij bij het huisje van een andere kolenbrander, die aardappelen aan het schillen was voor zijn avondmaal.

De jongen vertelde hem dat hij beslist trek had in iets anders en spreidde zijn tafelkleedje uit op het mos. Ze aten en dronken met smaak en toen stelde de kolenbrander voor het tafelkleedje te ruilen voor een oud versleten hoedje dat een merkwaardige kracht bezat. Als je het opzette en om en om draaide op je hoofd, begonnen er wel twaalf kanonnen tegelijk te bulderen en te schieten.

De jongen dacht even na en zei: 'Goed, dan ruilen we!'

De volgende ochtend zette hij zijn weg voort en toen hij een eindje van het huisje van de kolenbrander was, klopte hij op de ransel en liet zijn soldaten het tafelkleedje terughalen.

Omdat alle goede dingen uit drie kolenbranders bestaan, kwam hij de volgende dag bij een derde kolenbrander, die aardappelen aan het poffen was.

De kolenbrander nodigde hem vriendelijk uit voor het karige avondmaal, maar de jongen zei: 'Ik wil wel iets beters!' En hij spreidde zijn tafelkleedje.

Toen ze gegeten en gedronken hadden als prinsen, wilde de kolenbrander graag het tafelkleedje ruilen voor een hoorntje. Als je er lang genoeg op blies, stortten de sterkste stadsmuren in en vielen steden en dorpen zomaar in puin.

De jongen dacht even na en zei toen: 'Goed, we ruilen!'

De volgende ochtend, toen hij een eindje op weg was gegaan, liet hij zijn soldaten het tafelkleedje terughalen en in de loop van dezelfde dag bereikte hij eindelijk de rand van het grote bos. Hij vond dat zijn geluk nu meer dan compleet was en besloot om naar huis te gaan en zijn twee broers op te zoeken.

Die hadden van hun zilver en hun goud elk een mooi, groot huis laten bouwen, waar het elke dag feest was.

Toen hij bij hen aanklopte, weigerden ze in de sjofele zwerver hun broer te herkennen en toen hij hen vertelde over de schatten die hij had verworven, lachten ze hem vierkant uit. 'Als je werkelijk zulke machten bezat,' zeiden ze, 'zou je hier aankomen als een koning en niet als een bedelaar!'

Hierop werd de derde broer heel boos. Hij klopte op zijn oude ransel en liet zijn soldaten zijn broers een fikse pandoering geven met al hun schransende gasten erbij. Er ontstond een groot tumult. Buren en kennissen kwamen toegesneld om de rijke broers te hulp te komen, maar de derde broer bleef maar op zijn ransel kloppen, waar steeds meer soldaten kwamen uitgekropen.

Het werd zó erg, dat het nieuws zelfs de koning ter ore kwam. Om de orde te herstellen stuurde hij een troep soldaten naar het onrustige dorp, maar die werden prompt door de mannen uit de ransel smadelijk op de vlucht gejaagd.

Toen werd de koning erg boos en stuurde een nog veel grotere troepenmacht. Maar de derde broer zag hen al van ver komen, draaide zijn hoedje rond op zijn hoofd en daar begonnen twaalf kanonnen vuur te spuwen.

De koning, die inzag dat er tegen de jongen geen kruid gewassen leek, stuurde aan op vrede. En dat wilde de derde broer wel, op voorwaarde dat hij mocht trouwen met de enige dochter van de koning.

Die knarste met zijn tanden, maar gaf uiteindelijk toe. Maar de prinses was niet heel gelukkig met het afgedwongen huwelijk. Ze had vooral moeite met de geringe afkomst van de jongen en voelde zich veel te goed voor hem. En altijd en eeuwig droeg hij dat versleten hoedje op zijn hoofd en die verweerde ransel op zijn rug.

Op een dag deed ze heel liefjes tegen hem, gaf hem zoentjes overal en vroeg: 'Mijn lieve man, waarom loop je toch altijd met die ransel rond?'

De jongen was zo dom om haar het geheim van de ransel te verklappen. Nauwelijks had hij dat gedaan of ze omhelsde hem zo vurig, dat hij er duizelig van werd. Ze haakte de ransel stiekem van zijn schouder, klopte erop en liet de jongen door zijn eigen soldaten de stad uit gooien.

Maar nog gaf de jongen het niet op. Eenmaal buiten de muren, draaide hij zijn hoedje om en om op zijn hoofd en daar begonnen zijn kanonnen zo hevig te bulderen, dat de koning en de prinses met hangende pootjes om een nieuwe vrede moesten vragen.

Een tijdje leek het weer goed te gaan tussen de jongen en de prinses, tot ze hem op een dag zei: 'Je bent getrouwd met het rijkste meisje van het hele land en je zou gekleed kunnen gaan in zijde en brokaat. Waarom blijf je dan dat gekke hoedje dragen?'

Toen was de jongen zo dom om haar het geheim van het hoedje te onthullen en de volgende nacht slaagde de prinses erin hem het hoedje te ontfutselen, zodat de jongen ijlings moest vluchten voor het vuur uit zijn eigen kanonnen!

De jongen werd nu heel, heel boos en vervloekte zijn eigen loslippigheid. Hij blies zo lang op het hoorntje tot alle stadsmuren ingestort waren met het paleis van de koning erbij! De ondankbare prinses kwam samen met haar vader om onder het puin.

Toen werd het eindelijk duidelijk hoe machtig de jongen wel was. Omdat iedereen hem vreesde, kon hij zichzelf uitroepen tot koning over het hele rijk en trouwen met een vrouw die hem werkelijk liefhad.

De dromendief

Lang geleden was er eens een land, heel ver van hier, waar de dromen van de mensen gestolen werden. In het begin ging het nog en verdween er hier en daar een droom, die niemand zich 's morgens nog herinneren kon. Dat gebeurt wel meer met dromen. En daar is niets mis mee.

Maar de kwaal greep om zich heen en steeds meer mensen werden op onverklaarbare wijze ziek. Want een mens die nooit droomt, gaat ten slotte dood.

Op een nacht had de dochter van de koning een wondermooie droom. Ze kwam bij een heldere bron, waste haar gezicht en terstond verloor ze haar jeugdpuistjes en zag ze er stralender uit dan de zon en de maan samen. Toen verscheen er een mannetje met een vlindernetje. Hij droeg een gele mantel, met op de panden de blauwe ogen van een dagpauwoog. Hij ging op haar schouder zitten, schepte met het vlindernetje de droom uit haar hoofd en verdween als sneeuw voor de zon.

De volgende morgen werd de prinses wakker met stekende hoofdpijn. Ze had nog steeds al haar pukkels en ging zich beklagen bij haar vader, de koning.

'Ach wat!' zei de koning. 'Dat is allemaal malle praat en vrouwenonzin. Drink een beker warme melk en ga maar terug naar bed.'

Maar een tijdje later gebeurde het dat de koning zelf een mooie droom kreeg. Hij was machtig en rijk geboren, maar nu kwamen van heinde en verre alle koningen van de aarde om hem eer te bewijzen en hem te kronen tot de koning aller koningen. En net toen dat zou gaan gebeuren, kwam er een mannetje met een vlindernetje. Hij droeg een gele mantel, met op de panden de blauwe ogen van een dagpauwoog. Hij ging op de schouder van de koning zitten, schepte met het vlindernetje de droom uit zijn hoofd en verdween als sneeuw voor de zon.

De volgende morgen werd de koning wakker met stekende hoofdpijn en lagen er stapels brieven op zijn bureau van de andere koningen, die hem aanraadden om zich voortaan een beetje bescheidener op te stellen.

Toen riep de koning zijn raadslieden bijeen, want dit was toch al te gek, en vroeg waar zijn droom gebleven mocht zijn.

En toen ze er niet uit kwamen, wat wel meer gebeurt bij koninklijke raadslieden, vaardigde de koning een besluit uit. Wie de dromendief bij de kraag kon vatten, zou zijn dochter krijgen. Met pukkels en al.

Dit koninklijk besluit kwam een arme molenaarsknecht ter ore. Hij zou bij God niet geweten hebben hoe je een dromendief vangt, maar op een nacht kreeg hij zelf een heerlijke droom. Hij werd gewassen in een heerlijk sopje en zijn haren en nagels werden geknipt door gedienstige meisjes, die hem daarna afdroogden, poederden en poedelden en hem koninklijke kleren aantrokken. Vervolgens werd hij voor zijn bruid geleid en dat was de dochter van de koning, wiens gezicht straalde als de zon en de maan samen. En toen kwam het mannetje met zijn schepnetje en zijn gele mantel en stal de droom uit zijn hoofd.

De volgende morgen werd de molenaarsknecht wakker met stekende hoofdpijn en in plaats van prinsenkleren hing nog steeds zijn oude knechtenkiel op de stoel naast zijn bed.

De molenaarsknecht scharrelde wat spullen bij elkaar en besloot dat hij niet zou rusten voor hij de dief van zijn droom te pakken zou krijgen.

Een beetje doelloos trok hij door het land, tot hij op een erg warme dag onder een boom in slaap viel. Hij werd wakker omdat er een bruin vlindertje op zijn neus zat. Hij greep het meteen tussen duim en wijsvinger vast, maar het vlindertje riep geschrokken: 'Och meneer, doe dat toch niet! Ik ben nog door zoveel bloemen besteld! Als je mijn leven spaart, zal ik je bij de dromendief brengen!'

De molenaarsknecht sprong op en zei: 'Aha, dat is tenminste wijze praat!'

En het bruine vlindertje dartelde voor hem uit, over heg en steg, tot ze bij een klein huisje kwamen. Op de gevel hing een bord:

Tuinman gevraagd!

'Hier is het!' zei het bruine vlindertje en het vloog weg.

De molenaarsknecht klopte aan en na een tijdje werd de deur opengemaakt

door een slaperige dwerg, die vroeg: 'Wat moet jij?'
'Ik zoek werk als tuinman!'
'Dan kom je als geroepen', zei de dwerg. 'Heb je verstand van vlinders?'
De molenaarsknecht vond dat een merkwaardige vraag, maar zonder nog een woord te zeggen nam de dwerg hem mee naar binnen. Achter de keuken lag een grote tuin, vol met bloemen, waarop duizenden vlinders zaten in zoveel bonte kleuren als een mens maar bedenken kan.
'Je moet zorgen voor de bloemen,' zei de dwerg, 'want die moeten de vlinders van nectar en honing voorzien.'
'Dat is goed', zei de molenaarsknecht.
''s Nachts ben ik vaak uithuizig,' zei de dwerg, 'maar trek je daar maar niets van aan.'
'Nee', zei de molenaarsknecht.
'Als ik weg ben en ik merk dat je in huis hebt rondgesnuffeld, zal het je beste dag nog niet zijn!' zei de dwerg dreigend.
'Ik ben beleefd grootgebracht', zei de molenaarsknecht.
En vanaf die dag zorgde hij met liefde voor de bloemen in de vlindertuin en hij was blij met de kost en inwoon die hij bij de dwerg kreeg.
Als hij 's avonds naar bed ging, viel hij telkens als een blok in slaap en hoorde zelfs niet wanneer zijn meester het huis verliet. Maar vaak gebeurde het dat de jongen 's morgens al in de tuin bezig was en de dwerg pas dan thuiskwam. Dan verdween hij meteen zonder een woord te zeggen geeuwend naar zijn slaapkamer en sliep een gat in de dag.
Zo ging het een tijdje goed, tot op een nacht de molenaarsknecht wakker werd omdat hij dringend moest plassen. Hij stond op. In het huis van de dwerg was alles donker en heel stil. Nadat hij verlicht gedaan had wat hij moest doen, was de molenaarsknecht opeens klaarwakker. Hij stak een kaars aan en begon nieuwsgierig door het huisje te lopen. Op het eerste gezicht was er niets bijzonders te zien. Een zitkamer met een sofa en een kast met boeken. Een keuken, waar boven de wastobbe sokken te drogen hingen. De slaapkamer van de dwerg met een onbeslapen bed. Boven het hoofdeinde hingen twee vlindernetjes. Er was nog een haakje voor een derde vlindernetje, maar dat was weg.
Naast het bed van de dwerg was nóg een deur, met een enorm hangslot. De

molenaarsknecht, nieuwsgierig geworden, zocht en vond een haarspeld en wrikte het slot open. Hij kwam een kamer binnen, waarvan de wanden van het plafond tot de vloer bedekt waren met platte glazen kasten. En in die kasten waren vlinders opgeprikt. Honderden, misschien wel duizenden. De molenaarsknecht keek er met verstomming naar en las de plaatjes die onder de vlinders aangebracht waren.

Droom van een simpele soldaat. [Hogere soldij.]

Droom van een pastoor. [Meer zieltjes uit het vagevuur.]

Droom van een ouderloos echtpaar. [Een kind.]

En zo ging dat maar door, tot de molenaarsknecht bij de laatste kast kwam.

Droom van een prinses. [Geen puistjes meer.]

Droom van een koning. [Eerbetoon door alle koningen.]

En toen, zijn hart klopte in zijn keel, zag de molenaarsknecht daar zijn eigen droom opgeprikt hangen.

Droom van een arme molenaarsknecht. [Trouwen met de prinses. Zie pukkels.]

Met zijn hoofd vol vragen maakte de molenaarsknecht het hangslot zo goed en zo kwaad als hij kon weer in orde en ging naar bed. Daar lag hij voor de rest van de nacht naar de zoldering te kijken, tot hij zijn meester 's morgens hoorde thuiskomen.

Hij wachtte geduldig. Een halfuur, een uur. Toen stond hij op en sloop naar de slaapkamer van de dwerg. Die lag met een heerlijke glimlach op zijn bed, vast in slaap. Boven het bed hingen nu drie vlindernetjes.

De molenaarsknecht haakte het onderste vlindernetje los en heel voorzichtig ving hij uit het hoofd van de dwerg de mooiste vlinder die hij ooit had gezien. Hij droeg op zijn blauwe vleugels de kleuren van de regenboog en hij fluisterde: 'Ik ben de droom van alle mooie dromen. En ik wil ze allemaal.'

Opeens werd de dwerg wakker. Hij betastte zijn hoofd want hij had stekende hoofdpijn. Toen keek hij verbaasd naar de molenaarsknecht, die daar wat dommig stond met het vlindernetje met de mooie vlinder erin. En de dwerg zei schor: 'Geef me mijn droom terug! Nu *subiet*!'

'Nee', zei de molenaarsknecht, die begreep dat hij de dwerg in zijn macht had. 'Jij bent een gemene dromendief!'

Toen begon de dwerg te smeken en te bidden. Hij beloofde de molenaarsknecht bergen van goud en zilver, mooie kleren, een koets met zes schimmels, wat hij maar wilde hebben. Maar de molenaarsknecht hield halsstarrig het vlindernetje vast en zolang hij dat deed, kon de dwerg zich niet verroeren.

Toen de morgen aanbrak, maakte de molenaarsknecht de deur van de kamer naast het bed open en liet de droom van de dromendief los. De vlinder fladderde langs alle kasten, opende ze en alle vlinders vlogen weg, de wijde wereld in, terug naar de hoofden van de mensen waaruit ze gestolen waren.

De dwerg zat gebroken op de rand van het bed en snikte: 'Ongelukkige! Kijk nu wat je gedaan hebt!'

De molenaarsknecht gooide hem het vlindernetje toe en zei: 'Misschien kun je voortaan *nachtmerries* vangen!'

De dwerg keek de molenaarsknecht verrast aan en toen begon zijn gezicht opeens te stralen. 'Maar dát is een idee!' zei hij. 'Dat is een formidabel idee! Morgen begin ik eraan!' En toen viel hij in slaap.

De molenaarsknecht ging zijn spullen halen en verliet op zijn tenen het huisje van de dwerg. In zijn hoofd zat een droom en daarmee trok hij naar het paleis, waar diezelfde morgen de droom van de prinses terug was gekomen. En dus trouwden ze maar met elkaar. Hij in koninklijke kleren en zij zonder pukkels.

Nog iedere dag is de wereld vol met nachtmerries. Maar geloof me, de dromendief werkt eraan!

De drie veren

Er was eens een koning die drie zonen had. Twee van hen waren knap en verstandig, maar de derde was een wat gesloten type en omdat hij nooit veel zei, werd hij door iedereen als een domoor beschouwd.

De koning werd oud en omdat niemand het eeuwige leven beschoren is, besloot hij een troonopvolger te kiezen. Omdat hij eraan twijfelde aan wie van zijn drie zonen die eer te beurt moest vallen, riep hij hen bij elkaar en zei: 'Mijn koninkrijk zal ik geven aan diegene die mij het mooiste tapijt brengt!'

En om onenigheid tussen zijn zoons te voorkomen, pakte hij drie veren, liep met hen naar buiten en zei dat ze elk één veer moesten volgen. Toen gooide hij de drie veren de lucht in. De eerste vloog naar het westen, de tweede naar het oosten en de derde vloog recht vooruit en dwarrelde al spoedig op de grond.

De twee oudsten moesten lachen omdat de veer van de domoor zo vlug was neergevallen. Maar toen de derde zoon zijn veer opraapte, merkte hij dat ze naast een valluik in de grond was terechtgekomen.

Hij trok het valluik open en zag voor zich een onderaardse trap. Hij liep naar beneden en kwam uiteindelijk bij een deur. Hij klopte aan en hoorde vanachter de deur iemand roepen:

Jonkvrouw groen en klein,
Schrompelbeen,
Schrompelbeens hondje,
Schrompel hier en daar,
Laten we gauw kijken, wie is daar?

De deur ging open en in de kamer die zich daarachter bevond, zag de domoor een dikke pad zitten, omringd door haar talrijke kroost.
'Wat kom jij hier doen?' vroeg de pad.
'Ik moet voor mijn vader het mooiste tapijt ter wereld zoeken', zei de domoor.
De dikke pad riep er een van haar kleintjes bij en zei:

Jonkvrouw groen en klein,
Schrompelbeen,
Schrompelbeens hondje,
Schrompel hier en daar,
Breng mij de grote doos dan maar!

Het kleine padje sleepte een doos aan, maakte ze open en haalde een tapijt te voorschijn, zo prachtig als nog nooit een levend mens had gezien. De domoor bedankte de pad en klom weer naar boven.

De beide andere broers, die geen ogenblik geloofd hadden in de kansen van de domoor, hadden het zich ondertussen gemakkelijk gemaakt. De eerste de beste zigeunervrouw die hun pad had gekruist, hadden ze een paar kleurige halsdoeken afhandig gemaakt en die brachten ze nu naar hun vader. Op hetzelfde moment kwam de domoor er ook aan, met zijn tapijt.

De vader keek vol verrukking naar het geschenk van de pad en zei: 'Er is geen twijfel mogelijk! De jongste zal mijn rijk erven!'

De twee oudste broers schrokken hevig en protesteerden luid. En de koning was zo goed niet of hij moest een tweede opdracht verzinnen.

'Goed,' zei hij eindelijk, 'wie mij de mooiste ring terugbrengt, zal ik tot mijn opvolger benoemen!'

Hij liep weer naar buiten met drie veren en net als de eerste keer vloog er een naar het westen, een naar het oosten en de derde veer kwam opnieuw naast het valluik terecht.

De domoor klom voor de tweede keer de trap af en zei tegen de pad dat hij de mooiste ring moest hebben. De pad liet dadelijk haar grote doos halen en pakte er een ring uit die zo prachtig was, dat geen goudsmid op aarde in staat was om hem te maken. De domoor bedankte de pad en spoedde zich naar boven.

Intussen hadden de twee oudste broers het zich gemakkelijk gemaakt en de spijkers uit een oud wagenrad geslagen. Daarmee kwamen ze bij hun vader, net op het moment dat de jongste er aankwam met zijn ring.

De keuze was niet moeilijk. 'Mijn jongste,' zei de koning trots, 'mijn koninkrijk komt jou toe!'

Toen begonnen de twee anderen veel misbaar te maken en ze zeiden dat het een schande zou zijn als zo'n idioot het land moest gaan besturen. En ze vroegen om een derde proef.

De koning liet zich andermaal overhalen, liep naar buiten met drie veren en zei: 'Wie terugkomt met de mooiste vrouw ter wereld zal mijn rijk erven!' En hij wierp de drie veren in de lucht. Zoals de eerste en de tweede keer ging er een naar het westen, een naar het oosten en de derde veer viel opnieuw naast het valluik.

'De mooiste vrouw?' vroeg de pad. 'Ja, die heb ik niet zo meteen bij de hand. Maar wacht even!'

Ze pakte een uitgeholde wortel, spande er zes muizen voor en zei: 'Hier heb je alvast een koets!'

'Ja, en dan?' vroeg de domoor, wat teleurgesteld.

'Zet er maar een van de kleine padjes in', zei de dikke pad opgewekt.

De domoor zocht een van de kleine padjes uit en nauwelijks had hij dat in de wortelkoets gezet of het padje veranderde op slag in het mooiste meisje dat je je kunt voorstellen.

De domoor bedankte de pad uitbundig en snelde met het meisje de trap op, naar het paleis van zijn vader.

Hij kwam er aan tegelijk met zijn beide broers, die het zich gemakkelijk hadden

gemaakt en elk ergens een dikke boerentrien hadden opgescharreld.

De koning monsterde de drie meisjes met een kennersblik en zei: 'Er is geen twijfel mogelijk. De jongste wordt mijn opvolger!'

De twee oudsten protesteerden heftig en ze zeurden net zolang aan hun vaders hoofd tot hij toestemde in een laatste proef die door de beide oudsten zelf werd bedacht. In de troonzaal hing een metalen ring en ze stelden voor dat de meisjes daar één voor één door zouden springen. Want ze waren ervan overtuigd dat de twee boerenmeiden, die sterk en stevig gebouwd waren, daar moeiteloos zouden in slagen, terwijl de jonkvrouw die hun broer had meegebracht het wegblazen niet waard leek.

De twee boerenmeiden waagden de sprong. Ze slaagden er wel in om door de ring te komen, maar deden dat zo onhandig, dat ze allebei hun armen en benen braken. Toen sprong de jonkvrouw groen en klein die de domoor had meegebracht en ze nam de ring met zoveel zwier en gratie alsof ze van de hele dag niets anders deed.

Er was nu geen tegenstand meer mogelijk. Na de dood van de oude koning volgde zijn jongste hem op. Hij trouwde met zijn mooie jonkvrouw en beiden regeerden lange tijd met grote wijsheid.

De twaalf broers

Er was eens een koningspaar dat erg gelukkig was met elkaar. Ze hadden twaalf kinderen, allemaal jongens. Toen nu de koningin opnieuw zwanger werd, zei de koning: 'Als ons dertiende kind een meisje is, wil ik dat zij alleen mijn koninkrijk erft en moeten mijn twaalf zoons sterven!'

De koningin was ontzet en probeerde haar man op andere gedachten te brengen, maar tevergeefs. De koning zette zijn wil door en bestelde twaalf zwarte doodskisten, die hij in een aparte zaal van het paleis liet opstellen. Als de koningin het leven zou schenken aan een prinses, zouden de twaalf kisten de laatste rustplaats worden voor de twaalf broers.

Sinds de dag dat de koning zijn vreselijke besluit had genomen, was er iets gebroken in de koningin. Vaak zat ze uren verdrietig bij het raam van haar slaapkamer en huilde ze bittere tranen. De jongste van de broers, die Benjamin heette, kon dat niet langer aanzien en vroeg: 'Lieve moeder, waarom ben je zo verdrietig, terwijl je toch een kindje in je schoot draagt?'

'Ach, mijn lieve Benjamin,' zei de koningin, 'dat kan ik je niet zeggen!'

Maar Benjamin zeurde net zolang aan haar hoofd tot ze hem in vertrouwen nam en vertelde wat de koning besloten had.

'Maar dat kan ik niet zomaar laten gebeuren!' riep Benjamin uit. 'Ik zal met mijn elf broers vluchten in het bos!'

De koningin knikte en zei: 'Breng jezelf en je broers in veiligheid en doe het vlug, want de geboorte is nakend. Hou vanuit jullie schuilplaats zorgvuldig de grote toren van het paleis in het oog. Als mijn kind een jongen is, zal ik op de toren een witte vlag laten hijsen en dan kunnen jullie terugkomen. Wordt er een rode vlag gehesen, dan is het een meisje en dan zijn jullie op jezelf aangewezen!'

De twaalf broers namen in tranen afscheid van hun moeder en trokken het bos in, waar ze na enige tijd een betoverd huisje vonden, dat leegstond. Ze besloten er te blijven wonen. En ze spraken af dat Benjamin zou koken en het huisje schoonhouden, terwijl de elf andere broers op jacht zouden gaan en zorgen voor eten.

Om de beurt hielden ze vanuit de hoogste boom van het bos de grote toren van het paleis in het oog. Op de elfde dag, toen Benjamin de wacht hield, werd er op de toren een vlag gehesen. Het was een rode!

De twaalf broers ontstaken in grote woede en ze zwoeren dat geen enkel meisje voortaan veilig voor hen zou zijn, omdat ze zelf door de geboorte van een meisje van huis waren verjaagd.

Vele jaren gingen voorbij. De prinses groeide op tot een mooi en lief meisje, dat steeds een gouden ster op haar hoofd droeg.

Op een dag was ze erbij toen de was werd gedaan en zag ze tussen het vuile linnen twaalf hemdjes liggen. 'Van wie zijn die hemdjes?' vroeg ze aan haar moeder. 'Die zijn toch veel te klein voor vader?'

'Die hemdjes zijn van je twaalf broers', zei de koningin.

'Mijn twaalf broers?' vroeg de prinses verbaasd. 'Waar zijn die dan? Ik heb hen nog nooit gezien!'

'Ze zijn vóór je geboorte moeten vluchten', zei de koningin en toen vertelde ze haar dochter het vreselijke verhaal.

De prinses was niet alleen mooi en lief, ze was ook dapper. 'Ik ga mijn twaalf broers zoeken', zei ze vastberaden. 'En ik zal niet rusten voor ik ze gevonden heb, ook al zitten ze aan de andere kant van de wereld.'

Nog diezelfde dag trok ze het bos in en na een lange tocht kwam ze 's avonds bij het betoverde huisje, waar Benjamin in de keuken bezig was.

Ze ging naar binnen en Benjamin keek verwonderd naar haar koninklijke kleren en naar de gouden ster op haar hoofd. Hij vroeg: 'Waar kom jij vandaan? En waar ga je naar toe?'

'Ik ben op zoek naar mijn twaalf broers', zei de prinses. En ze liet hem de twaalf hemdjes zien, die ze uit het paleis meegenomen had.

Toen begreep Benjamin dat zijn zus voor hem stond en hij zei: 'Ik ben je jongste broer, Benjamin.' Ze omhelsden en kusten elkaar en toen ze over hun eerste ontroering heen waren, zei Benjamin: 'Eén ding moet je weten, lieve zusje. Toen

we hier kwamen wonen, hebben we gezworen dat we bloedig wraak zouden nemen op ieder meisje dat ons pad zou kruisen. Mijn broers kunnen elk moment thuiskomen. Verberg je onder de wastobbe, ik zal wel met hen praten.'
De prinses kroop onder de wastobbe en even later kwamen de elf broers thuis, moe van de jacht en hongerig.
'Is er nog wat bijzonders gebeurd vandaag?' vroegen de broers aan Benjamin.
'Dat hangt ervan af', zei Benjamin geheimzinnig, 'wat jullie bijzonder noemen!'
'Hé!' zeiden de broers nieuwsgierig. 'Doe niet zo flauw, Benjamin!'
'Ik zal het jullie vertellen, als je belooft dat je het eerste meisje dat ons pad kruist, niet zal vermoorden', zei Benjamin.
Dat beloofden de broers hem plechtig. Toen lichtte Benjamin de tobbe op en zei: 'Dit is ons zusje!'
De broers keken ontroerd naar die ranke, lieve verschijning en namen haar één voor één in hun armen.
Die avond besloot de prinses om bij haar broers te blijven en samen met Benjamin voortaan de huishouding te doen. De prinses sprokkelde hout voor het haardvuur, plukte kruiden voor het eten in het tuintje achter het huisje en maakte het wild schoon dat de elf broers iedere avond meebrachten uit het bos.

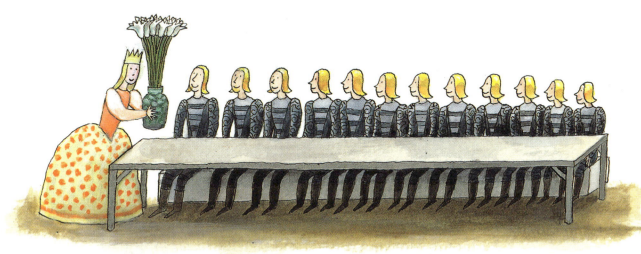

Op een dag vond ze in de tuin twaalf witte lelies. Om haar broers te verrassen plukte ze de bloemen, om ze op tafel te zetten in een vaas. Maar zodra ze dat had gedaan, veranderden haar twaalf broers in zwarte raven, die krassend weg-

vlogen, hoog boven de bomen van het bos. Op slag waren het betoverde huisje en het tuintje verdwenen en op de plaats waar het had gestaan, verscheen een oude vrouw die sprak: 'Ongelukkige! Waarom heb je die lelies toch geplukt? Dat waren je twaalf broers, die nu voor altijd veranderd zijn in raven!'

De prinses barstte in tranen uit en vroeg: 'Hoe kan ik dat ooit weer goedmaken?'

'Dat zal héél, héél moeilijk zijn', zei de oude vrouw. 'Je kunt je broers alleen redden als je zeven jaar lang zwijgt en niet lacht. Het geringste woord dat je spreekt, zal meteen de dood betekenen van je twaalf broers!'

'Geen woord zal er over mijn lippen komen, zeven jaar lang!' zei de prinses plechtig. En ze ging met haar spinnewiel in een hoge boom zitten en begon te spinnen.

Geruime tijd later gebeurde het dat een koning op jacht was in het bos. De hazewind die altijd in zijn gezelschap was, kreeg lucht van de prinses, liep naar de boom waarin ze zat en begon verwoed te blaffen.

De koning zag tot zijn verbazing tussen het gebladerte het mooiste meisje zitten dat hij ooit in zijn leven had gezien. Hij riep haar aan en vroeg of ze met hem wilde trouwen.

De prinses keek hem aan, sprak geen woord, glimlachte niet eens en knikte alleen maar. Daarop kroop de koning in de boom, nam de prinses in zijn armen, klom met haar naar beneden en bracht haar naar zijn paleis.

Daar werd een luisterrijke bruiloft gevierd en ook al was ze dan stom en ongemeen ernstig, de koning was smoorverliefd op haar en vele jaren waren ze gelukkig met elkaar.

Maar de moeder van de koning, een boosaardige vrouw, kon de prinses niet luchten en stookte haar zoon tegen haar schoondochter op. 'Ze is stom', zei ze. 'Je hebt een bedelares getrouwd, die niet eens kan lachen! En wie niet lachen kan, heeft iets vreselijks te verbergen!'

Eerst geloofde de koning haar niet, maar zijn moeder had een scherpe, gemene tong en ten slotte besloot de koning met een zwaar gemoed om zijn vrouw op de brandstapel te laten sterven.

Op de binnenplaats werden droge takkenbossen hoog opgetast rond een houten paal waaraan de koningin werd vastgebonden.

Toen de eerste vlammen in het hout begonnen te knetteren, waren, op de

minuut af, de zeven jaren van zwijgen en niet lachen verstreken. Uit de lucht daalden twaalf zwarte raven neer die, zodra ze de grond raakten, veranderden in de twaalf broers! Met vereende krachten sleurden ze de takkenbossen uit elkaar en doofden het vuur, waarna ze hun lieve zus bevrijdden.

Toen kon ze eindelijk weer praten en glimlachen en haar verhaal doen. De koning nam zijn vrouw in zijn armen en zei: 'Wat moet je geleden hebben, zeven jaar lang!'

Hij liet meteen een groot feest aanrichten en de boze koningin werd in een ton gestopt met kokende olie en giftige slangen en zo stierf ze een verdiende, vreselijke dood.

De bijenkoningin

Er waren eens drie koningszonen. Op een dag trokken de twee oudsten de wijde wereld in, om eindelijk eens iets te beleven. Maar ze raakten in losbandig gezelschap verzeild en kwamen niet meer naar huis.
De derde zoon, die door iedereen beschouwd werd als een domoor, besloot om hen te gaan zoeken. Maar toen hij eindelijk zijn broers teruggevonden had, dreven ze de spot met hem, omdat hij zijn weg in de wereld wilde vinden terwijl dat hen, die zoveel slimmer waren, niet gelukt was.

Toch besloten ze om met z'n drieën verder te trekken en zo gebeurde het dat ze op een dag bij een mierenhoop kwamen. De twee oudsten wilden er meteen met stokken in poken, om te zien hoe snel de mieren hun eieren in veiligheid zouden brengen. Maar de jongste zei: 'Dat wil ik niet hebben! Laat die mieren met rust!'
Ze trokken verder en kwamen bij een groot meer, waar veel eenden zaten. De twee oudsten wilden er meteen een paar vangen om ze de nek om te wringen en te braden. Maar de jongste ze: 'Dat wil ik niet hebben! Laat die eenden met rust!'
Vervolgens kwamen ze bij een bijennest in een boom, dat zo propvol honing zat, dat die langs de stam naar beneden droop. De twee oudsten wilden meteen een vuurtje stoken, om de bijen uit te roken en zo bij de honing te komen. Maar de jongste zei: 'Dat wil ik niet hebben! Laat die bijen met rust!'
Ten slotte kwamen de drie broers bij een kasteel, waar geen mens te zien was. Ze liepen door de stallen, die vol stonden met versteende paarden, en door de verlaten gangen en zalen. Tot ze voor een deur kwamen met drie sloten. In de

deur zat echter een luikje, waardoor je naar binnen kon kijken. In de kamer achter de deur zagen ze een grijs mannetje aan een tafel zitten. Ze riepen naar hem, één keer, twee keer, maar hij leek hen niet te horen. Toen ze hem voor de derde keer riepen, stond het mannetje op, opende de sloten en kwam naar buiten. Zonder een woord te zeggen bracht hij hen naar een welvoorziene tafel, waar ze aten tot ze niet meer konden en daarna wees hij voor elk van hen een aparte slaapkamer aan.

De volgende morgen kwam het mannetje de oudste van de broers wekken en bracht hem bij een platte steen, waarop drie opgaven stonden. Als die opgelost konden worden, zou het kasteel uit zijn vreemde betovering ontwaken.

De eerste opgave was om de parels van het parelsnoer van de koningsdochter, die in het bos over het mos verspreid lagen, bijeen te rapen. Duizend parels waren er en wanneer ze tegen 's avonds niet allemaal ingezameld waren, zou de oudste broer veranderen in steen.

De oudste broer begon met goede moed aan zijn taak, maar toen het avond werd, had hij nauwelijks honderd parels bij elkaar geraapt. En hij veranderde in een stenen beeld.

De volgende dag was het de beurt aan de tweede broer. Die deed het iets beter dan de eerste en hij had 's avonds wel tweehonderd parels bij elkaar. Maar ook hij veranderde in een stenen beeld.

Toen was het de beurt aan de derde en jongste broer. Toen het hem duidelijk werd wat van hem werd verlangd en hij dacht aan het lot dat zijn beide broers ondergaan hadden, ging hij zitten op een steen en begon te huilen.

Maar kijk, door het gras kwam de mierenkoningin die hij het leven had gered, aangemarcheerd met een leger van vijfduizend mieren, die zonder dralen aan het werk gingen. En nog voor het avond was, hadden de mieren alle parels keurig ingezameld.

De tweede opgave die op de steen stond, was nog moeilijker dan de eerste. De sleutel van de slaapkamer van de koningsdochter was namelijk in het water van het meer gevallen en het was nu zaak om deze naar boven te brengen. Toen de domoor naar het meer trok, hoorde hij al van

ver het vrolijke gesnater van de eenden voor wie hij het had opgenomen. Ze speurden met z'n allen de hele bodem van het meer af en toen het avond werd, kon de jongen de sleutel overhandigen aan het grijze mannetje.

Nu bleef er nog één opdracht over en dat was beslist de moeilijkste. Van de drie slapende dochters van de koning, die sprekend op elkaar leken, moest de jongste en de liefste uitgezocht worden. Het enige wat de jongen wist was dat de prinsessen 's avonds elk een andere zoetigheid aten. De oudste een stukje suiker, de tweede een lepel stroop en de jongste een beetje honing.

Terwijl hij daar zo bij de slapende prinsessen stond, kwam door het raam de bijenkoningin, wier volk hij had gered, de domoor te hulp. Ze ging ruiken aan de monden van de prinsessen en wist feilloos te vertellen wie er honing had gegeten en wie dus de jongste van de drie was.

Toen was de betovering van het kasteel verbroken en alle mensen en dieren die in steen veranderd waren, kwamen weer tot leven. De domoor trouwde met de jongste en de mooiste prinses en zijn broers trouwden met de beide andere prinsessen. En zo kwam alles toch nog goed terecht.

De roetzwarte broer van de duivel

Er was eens een soldaat die ontslagen was uit het leger en die van geen hout pijlen wist te maken. Hij trok erop uit, het bos in, en hij kwam een klein, zwart mannetje tegen en dat was de duivel zelf.
'Wat zie jij er triest uit', zei de duivel.
'Mijn beroep is de oorlog', zei de soldaat, 'en de oorlog is gedaan. Ik heb honger en mijn geld is op.'
'Als je zeven jaar in mijn dienst komt, zal het je aan niets ontbreken', zei de duivel. 'Er is één voorwaarde. Je mag je zeven jaar lang niet wassen, je haar of je nagels niet knippen en je neus niet snuiten.'
'Goed,' zei de soldaat, 'als het dan niet anders kan.' En hij ging mee met de duivel, recht naar de hel.
Daar vertelde de duivel wat hij van zijn nieuwe dienaar verwachtte. De soldaat moest het vuur gaande houden onder de ketels van de hel, het huis schoonmaken en de vuilnisbak buiten zetten. En als hij ook maar in een van de ketels keek, zou het hem slecht vergaan.
'Goed,' zei de soldaat, 'dat komt voor elkaar.'
Toen ging de duivel weg, want hij had elders in de wereld nog andere katten te geselen. De soldaat gooide hout op de vuren, veegde het huis aan en zette de vuilnisbak buiten, zoals de duivel het hem had gevraagd.
Na een tijdje kwam de duivel terug om te kijken of alles in orde was en hij leek erg tevreden. En toen ging hij voor de tweede keer weg.
Nu nam de soldaat de tijd om eens rustig rond te kijken. De hel stond vol met dampende ketels, waarin het pruttelde en borrelde dat het een aard had. De soldaat vroeg zich af wat er toch wel in die ketels mocht zitten, maar ja, de duivel had hem streng verboden om ook maar één ketel te openen. Uiteindelijk werd

zijn nieuwsgierigheid zó groot, dat hij het niet laten kon één deksel eventjes op te lichten.

Tot zijn verbazing zag hij zijn vroegere korporaal in de ketel zitten! 'Wel, wel,' zei de soldaat, 'dat we elkaar hier moeten terugvinden! Jij hebt me vroeger flink te grazen genomen, makker, en nu is het mijn beurt!' En hij zette het deksel terug op de ketel en gooide nog een extra blok hout op het vuur.

Daarna liep hij naar een tweede ketel, lichtte het deksel eventjes op en zag daar zowaar zijn vroegere kapitein zitten. 'Wel, wel,' zei de soldaat, 'dat we elkaar hier moeten terugvinden! Jij hebt me vroeger flink te grazen genomen, makker, en nu is het mijn beurt!' En hij deed het deksel erop en pookte het vuur nog maar eens stevig op.

Daarna wilde hij ook weten wie er in een derde ketel zat. Warempel, zijn vroegere generaal! 'Wel, wel,' zei de soldaat, 'dat we elkaar hier moeten terugvinden! Jij hebt me vroeger flink te grazen genomen, makker, en nu is het mijn beurt!' En hij haalde er een blaasbalg bij, want generaals kunnen niet goed genoeg sudderen.

Zo bleef de soldaat zeven jaar in dienst van de duivel. En die hele tijd waste hij zich niet, knipte zijn haar en zijn nagels niet en snoot nooit zijn neus. Zijn diensttijd vloog om zonder dat hij er erg in had en op een dag zei de duivel: 'Je tijd is om! Ik weet dat je stiekem in de ketels hebt gekeken, ook al had ik je dat verboden. Het is je geluk dat je zo flink voor de vuren hebt gezorgd, anders was het je slecht bekomen! Wat ga je nu doen? Wil je naar huis?'

'Ja,' zei de soldaat, 'ik wil eens zien hoe het met mijn oude vader gesteld is.'
'Om je welverdiende loon te krijgen moet je je ransel met huisvuil vullen', zei de duivel. 'En je moet terug naar de wereld van de mensen zonder je te wassen, zonder je te scheren, zonder je haren of je nagels te knippen!'
De soldaat was er zo aan gewend geraakt om als een viespeuk rond te lopen, dat hij het niet erg vond om zó terug onder de mensen te komen, maar de beloning voor zeven jaar werk vond hij maar povertjes. Toch zei hij daar niets van en toen hij afscheid nam, zei de duivel: 'Als de mensen je vragen waar je vandaan komt, moet je zeggen dat je uit de hel komt. En als ze je vragen wie je bent, moet je zeggen dat je de roetzwarte broer van de duivel bent en tevens je eigen koning. Zul je dat onthouden?'
'Zeker', zei de soldaat. En hij ging naar de wereld van de mensen. Toen hij terugkwam in het bos waar hij de duivel ontmoet had, pakte hij zijn ransel van zijn rug om hem uit te schudden. Tot zijn verbazing was het huisvuil veranderd in puur goud!
'Wel, wel!' zei de soldaat en hij trok naar de stad om zichzelf eens goed te verwennen.
Bij de eerste de beste herberg hield hij halt om logies te vragen.
'Waar kom jij vandaan?' vroeg de waard.
'Uit de hel', zei de soldaat.
'En wie ben je?'
'De roetzwarte broer van de duivel en tevens mijn eigen koning!'

De waard vond de soldaat maar een rare kwant, die uren in de wind stonk en hij zei dat hij beter elders logies kon zoeken. Maar toen de soldaat hem de inhoud van zijn ransel liet zien, gingen alle deuren meteen voor hem open. De soldaat deed zich die avond te goed aan spijs en drank en ging vervolgens slapen in de beste kamer van de herberg.

De waard van de herberg lag te woelen in zijn bed en kon de slaap niet vatten, omdat hij steeds maar moest denken aan die ransel vol met goud.

Ten slotte hield hij het niet langer uit. Hij sloop naar de kamer van de soldaat, nam ongemerkt de ransel weg en verdween even stilletjes als hij gekomen was.

Toen de soldaat de volgende morgen wakker werd, vond hij nergens zijn ransel meer en hij begreep dat hij bestolen was. Hij ging verontwaardigd naar de waard, die hem echter met zijn hele hebben en houden aan de deur zette.

De soldaat nam een kloek besluit en liep terug naar de hel om zijn nood te klagen bij de duivel. Die zei: 'Ga zitten!'

En de duivel waste de soldaat helemaal, knipte zijn baard en zijn nagels en zijn haar en snoot zijn neus. Toen sprak de duivel: 'Vul je ransel opnieuw met huisvuil en keer daarna terug naar de herberg. Als de waard niet met je goud op de proppen komt, mag hij meteen zijn zaak sluiten en hier zeven jaar komen werken in jouw plaats!'

De soldaat ging terug naar de herberg en zei: 'Als je de wraak van de duivel wilt ontlopen, kun je mij maar beter mijn goud teruggeven. Zo niet kun je zeven jaar lang gaan werken in de hel en dan zul je er net zo vreselijk bij lopen als ik, toen ik de eerste keer hier aankwam!'

De waard schrok hier zo hevig van, dat hij de soldaat al zijn goud teruggaf, met nog een mooie som erbovenop opdat hij zou zwijgen.

De soldaat was nu een rijk en gelukkig man. Hij kocht een witte kiel en trok op weg naar huis langs vele dorpen waar hij wondermooie muziek maakte, want dat had hij geleerd in de hel.

Op een keer mocht hij zelfs voor de oude koning spelen en die raakte zo in vervoering door de muziek van de soldaat, dat hij hem de hand schonk van zijn oudste dochter. Maar die was er niet op gebrand om met een simpele soldaat te trouwen. En toen trouwde de soldaat maar met de jongste koningsdochter en na de dood van de oude koning kreeg hij ook nog het hele rijk.

Assepoester

Er was eens een edelman wiens lieve vrouw al te vroeg gestorven was, nadat ze hem een beeldschoon dochtertje had geschonken. Omdat de edelman te jong was om alleen te blijven, trouwde hij voor de tweede keer, met een weduwe die twee dochters had.

Al vlug na de trouwpartij kwam het ware karakter van de stiefmoeder en haar twee dochters aan het licht. Geen van drieën konden ze het stiefkind uitstaan, omdat ze zo mooi en lief was. Ze werd gedwongen om in huis al het zware werk te doen en op een tochtig zolderkamertje te slapen. Haar zussen daarentegen voerden geen klap uit. Ze hadden prachtige kamers met zachte bedden en grote spiegels waarin ze zichzelf konden bewonderen zonder één ogenblik genoeg te krijgen van hun eigen schoonheid. Want ze droegen dag in dag uit de mooiste kleren en juwelen, terwijl hun stiefzusje alleen afdragertjes kreeg.

De edelman zag dit alles met lede ogen aan, want hij was niet opgewassen tegen de wrede luimen van zijn tweede vrouw.

Ondanks het droevige bestaan van de stiefdochter kwam er nooit een klacht over haar lippen. Ze deed geduldig wat van haar gevraagd werd en als ze 's avonds klaar was met haar werk, ging ze stilletjes in een hoekje van de haard zitten, tussen de asse. Daarom noemden haar zussen haar al spoedig spottend Assepoester.

Op een dag besloot de zoon van de koning een groot bal te geven. Alles wat naam en faam had in het land kreeg een uitnodiging voor het feest. Ook de twee zussen, want hun tweede vader was een belangrijk man.

De uitnodiging maakte de twee zussen heel opgewonden. Ze kregen het druk met het bestellen van een nieuwe jurk en ze overlegden eindeloos over de juwelen en het kapsel dat ze zouden dragen. Assepoester, die geen uitnodiging had gekregen, werkte nog harder dan vroeger. Want er moesten allerlei spullen gewassen, gestreken en versteld of ingenomen worden. En terwijl Assepoester daarmee bezig was, kwebbelden de twee zussen onophoudelijk over de zoon van de koning. Of ze vroegen: 'Assepoester, zou jij ook niet graag naar het bal gaan?' Assepoester zuchtte en zei: 'Ach, dat is toch niets voor mij! Zie je mij al in mijn oude jurk naar het bal gaan? Iedereen zou mij uitlachen.' Maar diep in haar hart had ze er wel verdriet om.

Eindelijk, eindelijk, kwam de avond van het bal. De twee zussen waren erg zenuwachtig en er ging op het laatste ogenblik natuurlijk nog van alles mis. Maar toen ze dan ten slotte toch vertrokken waren, begon Assepoester bitter te huilen. Assepoesters peettante, die een goede fee was, vond haar in tranen in het vertrouwde hoekje bij de haard en vroeg waarom ze zo'n verdriet had.

'Ach, peettante!' zei Assepoester. 'Ik zou ook zo graag naar het bal gaan!'
Assepoesters peettante glimlachte en zei: 'Dan zal ik ervoor zorgen dat dat kan!'
Ze nam Assepoester mee naar haar kamer en zei: 'Ga naar de tuin en zoek er de mooiste pompoen uit die je maar kunt vinden!'

Assepoester gehoorzaamde, al begreep ze niet wat de pompoen met het bal te maken had. Toen ze uit de tuin kwam, nam haar peettante een mesje en holde de pompoen helemaal uit. Ze tikte erop met haar toverstaf en kijk, daar stond opeens een glanzende gouden koets!

Daarna ging ze in de muizenval kijken of er iets in zat. Zes muizen waren er en na een tikje met de toverstaf veranderden ze terstond in zes muisgrijze paarden. Uit de rattenval haalden ze een dikke rat met grote snorharen. Een tikje met de toverstaf en daar stond een breedgeschouderde koetsier met een prachtige snor!
'Ga nu terug naar de tuin', zei de peettante. 'Achter de gieter zitten zes hagedissen. Betere lakeien kun je je toch niet wensen?' En zo kreeg de koets van Assepoester zes deftige dienaars in een schitterend rood livrei.
'Zo,' zei peettante, 'nu heb je alles om naar het bal te gaan!'
Assepoester keek beteuterd naar haar versleten jurk en vroeg: 'En dit dan?'
Op slag veranderde het sjofele plunje van Assepoester in een oogverblindende japon van gouddraad, bezet met edelstenen. En aan haar voeten kreeg ze een paar glazen schoentjes, die precies pasten.
'Nu moet je op één ding letten', zei de peettante, ongemeen ernstig. 'Je mag beslist niet langer op het bal blijven dan middernacht. Want op dat uur zal de betovering verbroken worden. De koets zal opnieuw een pompoen worden, de paarden muizen, de lakeien hagedissen en de koetsier een rat. Zul je daaraan denken?'

'Zeker, lieve tante!' zei Assepoester en ze stapte in de koets en vertrok.

Haar aankomst op het bal veroorzaakte er grote deining. Meteen ging men aan de zoon van de koning vertellen dat er een onbekende, wonderschone prinses was aangekomen. De zoon van de koning haastte zich om haar welkom te heten en bracht haar zelf naar de balzaal. Daar hielden alle gasten meteen op met praten, de muziek zweeg en iedereen had alleen nog oog voor dat mooie meisje aan de arm van de zoon van de koning.

Die was van het eerste ogenblik dat hij Assepoester zag op slag tot over zijn oren verliefd op haar geworden. Hij zat aan tafel, maar kreeg geen hap meer door zijn keel. Toen hij haar ten dans vroeg, leek het wel of hij een sierlijk veertje in zijn armen hield.

Na de dans ging Assepoester bij haar zussen zitten. Ze was heel vriendelijk voor hen, maar ze herkenden haar niet.

Toen sloeg de klok kwart voor twaalf. Assepoester nam afscheid van iedereen en haastte zich naar huis om alles aan haar peettante te vertellen. En of ze de volgende dag opnieuw naar het bal mocht? Want dat had de zoon van de koning haar gevraagd.

Nauwelijks was ze uitgesproken of haar twee zussen klopten op de deur. In haar doordeweekse jurk ging Assepoester geeuwend openmaken en deed of ze pas wakker was geworden.

'O, dat had je moeten zien!' zei de oudste zus. 'Er was een schit-te-ren-de prinses, met glazen schoentjes. Ze heeft ook nog even met ons gepraat en ze was erg lief.'

'Wie was die prinses dan?' vroeg Assepoester.

'Niemand weet het', zei de tweede zus. 'De zoon van de koning zou er alles voor overhebben om te weten wie ze is en waar ze woont. Ik denk dat hij stapelverliefd op haar is.'

'Denk je dat ze morgen terugkomt?' vroeg Assepoester. 'O, wat zou ik haar ook graag eens zien! Kunnen jullie mij voor één avond geen jurk lenen?'

'Een jurk lenen?' vroeg de oudste zuster. 'Pfoe!'

'Aan een smeerpoets zoals jij? Geen denken aan!' zei de tweede.

De volgende dag gingen de twee zussen opnieuw naar het bal. Assepoester ook, en ze was nog mooier dan de eerste keer. De zoon van de koning was dolgelukkig

om haar terug te zien en week geen moment van haar zijde. Hij verwende haar met allerlei fijne hapjes en als ze dansten, leken ze het gelukkigste stel in de hele zaal.

Assepoester genoot, maar toen de klok het twaalfde uur begon te slaan, schrok ze hevig. In paniek liep ze de balzaal uit, de trappen af. De zoon van de koning, die er niets van begreep, holde achter haar aan, maar inhalen kon hij haar niet. Alles wat hij van haar terugvond was een van de glazen schoentjes, die ze in haar haast verloren had. De mooie prinses zelf leek van de aardbodem verdwenen.

Assepoester kwam helemaal alleen thuis, zonder koets, zonder paarden, zonder lakeien of koetsier en in haar oude, verstelde kleren.

Toen later haar zussen thuiskwamen, vroeg Assepoester hun of ze ook die avond de mooie prinses hadden gezien.

En of ze de mooie prinses gezien hadden! Die was er om middernacht plotseling vandoor gegaan, zo snel, dat ze een glazen schoentje verloren had en dat had de zoon van de koning voor de rest van de avond in zijn handen gehouden! Je zou zien, die geschiedenis zou nog wel een staartje krijgen!

Daar kregen de twee zussen gelijk in. Een paar dagen later liet de zoon van de koning weten dat hij wilde trouwen met het meisje wiens voetje paste in het glazen schoentje dat hij had gevonden. Alle hoge dames aan het hof waagden hun kans. Eerst de prinsessen, dan de hertoginnen en de baronessen en vervolgens de hofdames. Maar niemands voetje paste in het schoentje.

Toen trokken dienaren van de koning het land in, om ieder meisje het schoentje te laten passen. Zo kwamen ze ook bij de twee zussen, die graag een teen of een hiel hadden opgeofferd om met de zoon van de koning te kunnen trouwen. Maar hoe ze ook duwden en wrikten, hun voeten waren te breed en te groot.

Toen kreeg de dienaar van de koning Assepoester in het oog. 'Mag ik ook eens passen?' vroeg Assepoester opeens.

De twee zussen barstten in hoongelach uit, maar groot was hun verbazing toen Assepoesters voetje moeiteloos in het glazen schoentje gleed. De geheimzinnige prinses was niemand anders geweest dan hun slonzige zusje! Assepoester haalde met een glimlach het tweede schoentje uit haar schortzak en trok het aan.

Het duurde niet lang voor met veel luister de bruiloft gevierd werd. Maar Assepoester toonde zich niet wraakzuchtig. Ze zorgde ervoor dat haar beide zussen in het paleis konden wonen en trouwen met een voorname edelman aan het hof van haar prins.

De drie gouden haren van de duivel

Er was eens een arme vrouw die op een dag het leven schonk aan een zoon, die een ongewone geboortevlek op zijn voorhoofd droeg. In zo'n geval zegt men dat het kind 'met de helm' geboren is. Dat betekent dat hij zijn hele leven lang in alles zal slagen wat hij onderneemt. Bij de geboorte van het kind werd dan ook voorspeld dat hij op zijn veertiende met de dochter van de koning zou trouwen.

Kort nadat de jongen geboren was, kwam de koning door het dorp gereden en toen hij hoorde van de merkwaardige voorspelling, werd hij heel boos. Hij reed naar de hut van de ouders van de jongen en zei poeslief dat hij het kind wilde kopen om het een goede opvoeding te geven. Eerst weigerden de ouders natuurlijk om hun kind af te staan, maar de koning bood hun zoveel geld, dat ze ten slotte toegaven.

Het kind werd in een doos gestopt en de koning reed ermee heen, tot hij bij een diep water kwam. Daar gooide hij de doos weg en zei tevreden: 'Dat is alvast een lastige vrijer voor mijn dochter minder!'

Maar de doos met het kind zonk niet en dreef pijlsnel af, tot ze bij een watermolen kwam, waar ze bleef steken tegen het rad. De molenaarsknecht zag de doos en was erg verbaasd er een kind in te vinden. Hij bracht het naar de molenaar en zijn vrouw, die kinderloos waren en de jongen met vreugde opnamen in hun gezin.

Veertien jaar gingen voorbij en het kind met de helm groeide op in wijsheid en verstand. Op een dag, toen het hevig onweerde, kwam de koning, die op jacht was gegaan, toevallig in de molen schuilen. Hij keek aandachtig naar de jongen en vroeg: 'Is dit jullie zoon?'

'Nee,' zei de molenaar, 'het is een vondeling. Veertien jaar geleden heeft de knecht hem gevonden in een doos die op het water dreef.'

De koning begreep dat de kandidaat-vrijer van zijn dochter op wonderlijke wijze aan de dood ontsnapt was en vroeg: 'Zou hij voor mij tegen een goede beloning een brief aan de koningin kunnen bezorgen? Want ik blijf nog een hele tijd weg van huis en ik heb een dringende boodschap voor haar.'

De jongen, die blij was de koningin eens in levenden lijve te kunnen zien, stemde maar al te graag met het voorstel in. En de koning schreef een brief aan de koningin, waarin stond dat de bezorger van de brief een gevaarlijk persoon was, die meteen na aankomst in het paleis ter dood moest worden gebracht.

Nietsvermoedend ging de jongen op weg.

Het was een verre tocht en de avond van de eerste dag trok hij door een duister bos. Hij was hongerig en moe, maar gelukkig zag hij opeens tussen de bomen een lichtje branden. Hij kwam na enige tijd bij een huisje en klopte op de deur. Er werd opengedaan door een oude vrouw, aan wie hij vroeg of hij onderdak kon krijgen voor de nacht.

'Arme jongen!' zei ze. 'Dit is een rovershol. Maak dat je wegkomt, want als straks de rovers thuiskomen, zullen ze je zeker doden!'

'Ik ben voor niemand bang', zei de jongen, 'en ik moet in opdracht van de koning zelf een brief bezorgen aan de koningin.'

De oude vrouw haalde haar schouders op en liet hem binnen. 'Je moet het zelf maar weten!' zei ze. En ze gaf de jongen wat te eten en daarna viel hij dadelijk in een diepe slaap.

Toen de rovers thuiskwamen en de slapende jongen zagen, werden ze boos en vroegen aan de oude vrouw: 'Wat doet die hier?'

'Het is een arme sloeber', zei de oude vrouw, 'en hij is op weg naar de koningin om haar een brief te bezorgen!'

De hoofdman van de rovers keek naar de jongen en kreeg medelijden met hem. Hij haalde de brief uit de zak van de jongen, maakte hem open en las met stijgende verbazing de boodschap van de koning. Toen verscheurde hij de brief en schreef meteen een andere, waarin stond dat de drager van de brief terstond moest trouwen met de dochter van de koning.

De volgende morgen kon de jongen ongehinderd zijn reis voortzetten en toen hij bij het paleis kwam en de koningin de brief had gelezen, werd zonder dralen de bruiloft gevierd.

Na enkele weken kwam de koning thuis en hij ontstak in grote toorn toen hij merkte dat de jongen met de helm erin geslaagd was om met zijn dochter te trouwen. 'Waar is de brief die ik je heb gestuurd?' vroeg hij aan de koningin.

Die gaf hem meteen de brief van de roverhoofdman te lezen. 'Maar dat is helemaal niet de brief die ik heb geschreven!' riep de koning uit en hij liet op staande voet zijn schoonzoon komen.

Maar de jongen met de helm wist nergens van. Hij had toch keurig de brief aan de koningin bezorgd?

'Zo gemakkelijk kom je er niet van af!' riep de koning uit. 'Je mag mijn dochter alleen maar houden als je mij drie gouden haren brengt van het hoofd van de duivel zelf!'

Dat was een zo moeilijke opdracht dat de koning dacht dat hij zeker van die armoedzaaier verlost zou zijn. Maar de jongen zei: 'Ik ben nergens bang voor, zelfs voor de duivel niet!' En hij nam afscheid van zijn vrouw en ging dadelijk op weg naar de hel.

Op zijn tocht kwam hij bij een stad waar de poortwachter hem aansprak en vroeg welk beroep hij uitoefende.

'Ik kan alles', zei de jongen.

'Dat komt dan goed uit,' zei de poortwachter, 'want we zitten hier met een probleem.

De grootste fontein van de stad heeft hier altijd wijn gespoten en nu komt er geen druppel meer uit!'

'Ik zal je probleem oplossen wanneer ik terugkom', zei de jongen.

Een paar dagen later kwam hij bij een andere stad, waar de poortwachter hem aansprak en vroeg welk beroep hij uitoefende.

'Ik kan alles', zei de jongen.

'Dat komt dan goed uit,' zei de poortwachter, 'want we zitten hier met een probleem. We hebben hier altijd een appelboom gehad die gouden vruchten droeg en nu staat hij al tijden te verdorren!'

'Ik zal je probleem oplossen wanneer ik terugkom', zei de jongen.

Geruime tijd later kwam hij aan de oever van een brede rivier, die hij alleen maar kon oversteken door een beroep te doen op een veerman.

De veerman klaagde steen en been, omdat hij nog nooit iemand bereid had gevonden om hem een keer af te lossen. 'Als ik terug ben uit de hel, zal ik je probleem oplossen!' zei de jongen en hij sprong aan land.

Weldra kwam hij bij de poort van de hel, maar de duivel was niet thuis, wél zijn oude moeder, die goed van hart was. 'Wat kan ik voor je doen?' vroeg ze.

'Ik moet drie gouden haren van de duivel komen halen voor de koning', zei de jongen. 'En bovendien wil ik weten wie de veerman kan aflossen, hoe er opnieuw gouden appels aan de appelboom kunnen groeien en hoe de fontein weer wijn kan spuiten!'

'Dat is nogal wat!' zei de moeder van de duivel. 'Maar goed, ik zal het aan mijn zoon vragen!' En voor zijn eigen veiligheid veranderde ze de jongen in een mier en verborg ze hem in de plooien van haar rokken.

Toen de duivel thuiskwam, snoof hij nadrukkelijk en zei: 'Het is hier niet pluis! Ik ruik mensenvlees!'

'Ach, mensenvlees, mensenvlees!' zei de moeder van de duivel. 'Jij ruikt altijd en eeuwig mensenvlees! Eet nu je avondmaal maar op en slaap!'

De duivel at knorrig op wat ze hem voorzette en viel toen met zijn hoofd op haar schoot in slaap.

Hij begon meteen te snurken dat horen en zien verging en de oude vrouw pakte een van zijn gouden haren en rukte het uit. De duivel schrok wakker en vroeg kwaad: 'Waarom trek je aan mijn haar? Je doet me pijn!'

'Dat was niet met opzet!' zei de moeder van de duivel. 'Ik had zo'n vreemde droom!'

'Welke droom dan?' vroeg de duivel.

'Ergens in een stad is er een fontein die wijn spuit', zei de moeder van de duivel. 'En nu komt er geen druppel meer uit!'

'Ach,' zei de duivel, 'ze moesten eens weten! Onder in de bron zit een pad onder een steen en zolang ze die niet vinden en doodslaan, zal de fontein niet meer spuiten.'

Hij viel opnieuw in slaap en de oude vrouw trok hem opnieuw een gouden haar uit. De duivel schrok wakker en zei vertoornd: 'Mens, wat doe je toch?'

'Ik heb alweer gedroomd', zei de moeder van de duivel.

'Wat nu weer?'

'In een andere stad staat een appelboom die ieder jaar gouden vruchten droeg', zei de oude vrouw. 'Maar nu staat hij al tijden te verdorren!'

'Ach, ze moesten eens weten', zei de duivel. 'Onder aan de wortels van de boom zit een muis te knagen. Als ze die niet vlug vinden en doodslaan, zal de boom weldra helemaal wegkwijnen. En hou nu maar op met dromen!'

De duivel viel opnieuw in slaap, de moeder van de duivel streek hem zachtjes door zijn haar, aarzelde even en trok hem toen een derde gouden haar uit.

Nu werd de duivel écht boos. 'Verdomme!' zei hij. 'Wat heb je toch?'

'Ik had alweer een vreemde droom', zei de moeder van de duivel. 'De veerman, die over de rivier vaart, beklaagde zich erover dat hij nooit eens afgelost wordt!'

'Ach, hij moest eens weten!' zei de duivel. 'Het volgende klantje dat hij overzet, moet hij gewoon de vaarboom in de hand duwen en dan is hij vanzelf afgelost!'
Nu ze alle antwoorden kende en de drie haren had, liet de moeder van de duivel haar zoon met rust en toen de morgen aanbrak, trok de duivel geheel verkwikt naar zijn werk. Toen schonk de moeder van de duivel de mier zijn oude gestalte terug, gaf de drie gouden haren aan de jongen en vroeg: 'Heb je goed geluisterd?'
'Ik heb alles in mijn oren geknoopt', zei de jongen. Hij bedankte de moeder van de duivel en begon aan de terugreis.
Toen hij bij het veer kwam en zich liet overzetten, vroeg de veerman: 'Wel, heb je nog eens over mijn probleem nagedacht?'
'Het is simpel', zei de jongen. 'Je moet je volgende klantje gewoon de vaarboom in zijn handen duwen en dan word je vanzelf afgelost!'
Aan de andere kant van de rivier liep de jongen in de richting van de stad met de dorre appelboom. De poortwachter vroeg: 'Heb je nog eens over ons probleem nagedacht?'
'Er zit een muis te knabbelen aan de wortels van de boom', zei de jongen. 'Sla die dood en alles komt in orde!'
De poortwachter was zo blij met dat antwoord, dat hij de jongen meteen twee ezels schonk, zwaar beladen met goud.
Na enige tijd kwam de jongen bij de stad met de drooggevallen fontein. De poortwachter vroeg: 'Heb je nog eens over ons probleem nagedacht?'
'Op de bodem van de fontein zit onder een steen een pad die alles in de war stuurt', zei de jongen. 'Sla hem dood en de fontein zal opnieuw beginnen te spuiten!'
De poortwachter was zo blij met dat antwoord, dat hij twee ezels liet komen, zwaar beladen met goud.
Zo kwam de jongen met de helm terug in de hoofdstad aan, tot grote vreugde van zijn vrouw en tot verbazing van de koning. De jongen gaf hem de drie gouden haren van de duivel en toen vroeg de koning nieuwsgierig: 'Waar heb je toch al dat goud vandaan?'
'O,' zei de jongen luchtig, 'aan de overkant van de rivier ligt het zomaar voor het oprapen!'

De koning, die erg rijk en dus ook erg hebzuchtig was, vroeg: 'Zou er ook wat goud te rapen zijn voor mij?'

'Maar natuurlijk!' zei de jongen.

De koning maakte zich dadelijk reisvaardig en kwam na geruime tijd bij het veer over de rivier. Hij liet zich overzetten en toen ze bijna aan de overkant waren, duwde de veerman hem opeens de vaarboom in zijn handen, sprong als een haas op de oever en holde hard weg. Voortaan moest de koning als straf voor zijn zonden met het veer heen en weer varen. En als hij niet gestorven is, dan vaart hij nog!

De trouwe Johannes

Er was eens een oude koning, die heel erg ziek was. Toen hij zijn einde voelde naderen, liet hij zijn trouwste dienaar komen en hij zei: 'Mijn trouwe Johannes, mijn dagen zijn geteld. Ik zal maar rustig kunnen sterven, als je mij belooft dat je voor mijn enige zoon zult zorgen zoals je altijd voor mij hebt gezorgd.'
De trouwe Johannes sprongen de tranen in de ogen. 'Ik zal van zijn zijde niet wijken,' zei hij, 'en hem in alles bijstaan, ook al zou het mij mijn leven kosten.'
'Als ik dood ben, moet je hem alles laten zien,' zei de koning. 'Het hele paleis, met al zijn schatten en kostbaarheden. Alleen...'
'Alleen wat, mijn koning?'
'Dat ene kamertje waar het schilderij hangt van de koningsdochter van het Gouden Dak, mag je niet voor hem openmaken. Dat zou hem in groot gevaar kunnen brengen.'
De trouwe Johannes beloofde de oude koning plechtig het schilderij verborgen te houden en nog dezelfde dag gaf de oude koning de geest.
Toen de rouwperiode afgelopen was, ging de trouwe Johannes met een enorme sleutelbos naar de jonge koning en hij zei: 'Het wordt tijd dat ik je het paleis van je voorvaderen laat zien!'
Zo liepen ze door de zalen en de gangen van het paleis en bezochten ze iedere kamer, de ene al prachtiger ingericht dan de andere. Voor het eerst in zijn leven ontdekte de jonge koning het paleis tot in de kleinste uithoekjes en besefte hij hoe onmetelijk rijk hij wel was.
Toch viel het hem op, dat de trouwe Johannes telkens één deur voorbijliep, die hij niet openmaakte.
'Johannes,' zei hij, 'waarom maak je alle deuren voor mij open, behalve die ene?'

De trouwe Johannes werd er een beetje verlegen van en zei: 'Ik heb aan je vader moeten beloven om deze deur niet voor je open te maken!'

'Maar waarom dan niet?' vroeg de jonge koning geprikkeld.

'In die kamer hangt een schilderij van de koningsdochter van het Gouden Dak,' zei de trouwe Johannes. 'Ernaar kijken zou weleens hele nare gevolgen kunnen hebben.'

De jonge koning werd zeer nieuwsgierig én een beetje boos. 'Ik ben nu de koning,' zei hij, 'en dus heb ik het recht om alles van mijn paleis te zien! Open meteen die deur, Johannes!'

De trouwe Johannes zuchtte diep en zei: 'Het zij me vergeven!'

Hij opende de deur van het kleine kamertje, waar alleen maar dat schilderij hing. Het was het portret van een beeldschone prinses en het was zó levensecht geschilderd dat het leek alsof ze ieder moment uit de lijst de kamer in kon stappen.

Als door de bliksem getroffen keek de jonge koning naar het schilderij en de schoonheid van het beeld overweldigde hem zo, dat hij bewusteloos op de vloer viel.

'Daar begint de ellende al!' zei de trouwe Johannes. En hij tilde zijn meester op en droeg hem naar bed.

Toen de jonge koning eindelijk weer de ogen opsloeg, keek hij verward en koortsig in het rond en zei: 'Johannes! Ik moet haar opzoeken! Ik wil met de koningsdochter van het Gouden Dak trouwen en met niemand anders!'

'Het is een verre reis,' zei de trouwe Johannes, 'en het zal niet gemakkelijk zijn om haar voor jou te winnen. De koningsdochter van het Gouden Dak woont in een paleis waar alles van goud is. Het vaatwerk, de meubels, de vloeren en de plafonds. Ze is gek op goud!'

'Goud heb ik genoeg!' zei de jonge koning. En hij liet meteen de knapste edelsmeden van zijn land naar het paleis komen. Hij gaf hun een ton goud, waarmee ze meteen aan de slag gingen. Ze smeedden het goud om tot fraai vaatwerk, ringen en sieraden, en kunstige beelden van wonderlijke dieren.

En toen de goudsmeden klaar waren met hun werk, ging de jonge koning met de trouwe Johannes, allebei vermomd als kooplui, aan boord van een schip en zelden was er een schip geweest dat in zijn ruim zulke kostbare schatten vervoerde.

Ze zeilden vele, vele dagen, tot ze eindelijk de kust bereikten van het koninkrijk van het Gouden Dak.

De jonge koning, ongeduldig en nieuwsgierig, wou meteen aan land gaan, maar de trouwe Johannes zei: 'Het lijkt mij beter dat ik eerst op verkenning ga. Ik zal proberen om de prinses hiernaar toe te lokken!' Hij zocht een paar gouden voorwerpen van de schat bij elkaar, stak ze in een leren zak en ging op weg naar het paleis waar de prinses woonde.

Toen hij daar aankwam, ontmoette hij op het binnenplein een meisje, dat water putte in een gouden emmer en dat hem nieuwsgierig opnam. 'Wie ben je en waar kom je vandaan?' vroeg ze.

De trouwe Johannes zei: 'Ik ben een koopmansknecht en wil graag de prinses mijn koopwaar presenteren!' En hij opende de leren zak.

Het meisje, dat kamenier was van de prinses en echt wel wat gewoon was, zette grote ogen op. 'Prachtig!' zei ze. 'Dit moet mijn meesteres meteen zien!'

En zo gebeurde het dat de trouwe Johannes voor de koningsdochter van het Gouden Dak werd gebracht en ze was zo mogelijk nog mooier dan op het schilderij.

Ze keek vol verrukking naar de gouden voorwerpen die de trouwe Johannes voor haar uitstalde en zei: 'Ik wil het meteen kopen. Álles!'

De trouwe Johannes glimlachte en zei: 'Dit is maar een klein gedeelte van de schat die mijn meester aan boord van zijn schip heeft!'

'Laat dan meteen alles hierheen brengen,' zei de prinses, 'zodat ik het kan zien!'

'Helaas, hoogheid,' zei de trouwe Johannes, 'het transport zou weleens vele dagen kunnen duren. Er is zoveel...'

'Goed,' zei de koningsdochter, 'dan ga ik zélf wel kijken!' En terstond maakte ze zich reisvaardig en trok met de trouwe Johannes naar de kust, waar het schip van de jonge koning voor anker lag.

Het schip was schitterend opgetuigd en de hele schat was op z'n voordeligst uitgestald in het ruim.

De jonge koning kon zijn ogen niet geloven toen de koningsdochter van het Gouden Dak als een levend geworden schilderij in hoogsteigen persoon aan boord klom. Zijn hart begon onstuimig te kloppen, zo fel, dat hij bang was om een tweede keer flauw te vallen. Maar hij vermande zich en nam haar mee naar het ruim, waar de koningsdochter van de ene verbazing in de andere viel.

De trouwe Johannes, die aan dek gebleven was, gaf de kapitein het order om het anker te lichten en stiekem weg te varen. En terwijl de wind de zeilen bol zette en de koningsdochter alle tijd nam om in het ruim alles te bekijken, ging de trouwe Johannes op de voorplecht zitten, uiterst tevreden over zichzelf.

Terwijl hij daar zo zat, kwamen er drie raven aangevlogen, die op een van de masten gingen zitten om uit te blazen.

'Daar gaat de koningsdochter van het Gouden Dak,' zei de eerste raaf.

'Ja, maar de koning heeft haar nog niet!' zei de tweede raaf.

'Drie beproevingen wachten hem!' zei de derde raaf.

'Eerst het rosse paard!' zei de eerste raaf. 'Als de jonge koning aanmeert aan de overkant van de zee, zal daar een prachtig ros paard op hem wachten. Hij zal het natuurlijk meteen willen berijden.'

'Slecht zal het hem bekomen!' zei de tweede raaf. 'Als hij dat doet, zal hij ter plekke dood neervallen!'

'Tenzij?' vroeg de derde raaf.

'Tenzij iemand anders voor hem in het zadel springt en het paard doodschiet!'

zei de eerste raaf. 'En als hij daarover zijn mond niet kan houden, zal hij verstenen van zijn voeten tot aan zijn knieën!'
'Dan is er het hemd!' zei de tweede raaf.
'Het bruidshemd, ja,' zei de derde raaf. 'Dat zal voor de jonge koning klaarliggen in het paleis. Het ziet eruit alsof het geweven is van zilver- en gouddraad. Maar het is gemaakt van pek en zwavel, dat meteen als hij het aantrekt zijn lichaam zal verbranden tot op het bot!'
'Tenzij?' vroeg de eerste raaf.
'Tenzij iemand anders sneller is dan de jonge koning en het hemd in het vuur gooit!' zei de tweede raaf. 'En als hij daarover zijn mond niet kan houden, zal hij verstenen van zijn voeten tot zijn hart!'
'De bruiloftsdans!' zei de derde raaf, nu zichtbaar opgewonden.
'Als de jonge koning op de bruiloft de dans opent, zal de prinses voor dood neervallen!' zei de eerste raaf. 'Ze kan alleen gered worden als iemand anders meteen drie druppels bloed uit haar rechterborst zuigt. En als hij daarover niet kan zwijgen, zal hij meteen verstenen van zijn hoofd tot zijn voeten.'
Toen vlogen de drie raven weg. De trouwe Johannes, die alles had gehoord, werd bevangen door grote angst. Maar hij zei dapper tot zichzelf: 'Ik zal het opnemen voor mijn meester, ook al kost het mij mijn leven! Dat heb ik aan de oude koning beloofd!'
Vele uren later, nadat ze de hele schat had gezien, verscheen de koningsdochter van het Gouden Dak aan dek, want ze wou naar huis.
Tot haar verbijstering merkte ze dat het schip zich op volle zee bevond en ze werd heel boos. 'Jij!' zei ze tot de jonge koning. 'Hoe durf je, koopman? Je hebt me ontvoerd!'
'Ik ben geen koopman,' zei de jonge koning, 'maar een koning. Thuis heb ik een schilderij van jou en toen ik het voor het eerst zag, ben ik flauwgevallen. Ik ben tot over mijn oren verliefd op jou, prinses van het Gouden Dak! Wil je met mij trouwen?'
De prinses van het Gouden Dak keek de jonge koning nu met heel andere ogen aan en haar hart werd week. 'Ja!' zei ze. En ze gaf hem een zoen.
De wind was hen gunstig gezind en na een voorspoedige reis kon het koninklijk gezelschap eindelijk voet aan wal zetten in het land van de jonge koning.

En wat de raven hadden voorspeld, gebeurde precies!

Op het strand stond een vurig ros paard te wachten, met in zijn tuig een geladen pistool.

'Kijk nu eens!' zei de jonge koning opgetogen. 'Dat is nu precies wat ik nodig heb om met mijn bruid naar het paleis terug te rijden!'

Hij wou in het zadel springen, maar de trouwe Johannes was zijn meester te vlug af. Hij wipte op de rug van het paard, pakte het pistool en schoot het paard dood.

De andere dienaren van de jonge koning, die de trouwe Johannes niet zo mochten, waren hierover ontsteld. 'Waarom schiet hij nu dat prachtige paard neer?'

'Daar heeft hij allicht een goede reden voor,' zei de jonge koning. 'Want is hij niet mijn trouwe Johannes?'

Toen gingen ze op weg naar het paleis en het eerste wat de jonge koning daar zag was een prachtig bruidshemd, dat wel leek geweven te zijn van zilver- en gouddraad.

'O, kijk eens!' zei de jonge koning. 'Wat een prachtig bruidshemd.'

Maar de trouwe Johannes was zijn meester te vlug af, griste het hemd weg en wierp het in het vuur.

De andere dienaren van de jonge koning, die de trouwe Johannes niet zo erg mochten, waren hierover verbolgen.

'Waarom werpt hij nu dat prachtige bruidshemd in het vuur?' vroegen ze.

'Daar heeft hij allicht een goede reden voor,' zei de jonge koning. 'Want is hij niet mijn trouwe Johannes?'

Meteen daarna werden alle voorbereidselen voor de bruiloft getroffen. Kleermakers en koks, kappers en muzikanten, soldaten en pasteibakkers gingen aan het werk. Naar alle windstreken werden boodschappers gestuurd die de uitnodigingen voor de bruiloft moesten bezorgen aan alle koninklijke hoven.

Het werd een schitterend feest, met de lekkerste spijzen en de zeldzaamste dranken en de jonge koningin veroverde door haar zeldzame schoonheid moeiteloos alle harten.

Maar toen na de maaltijd de jonge koning met zijn kersverse bruid het bal opende, zakte de koningin tot ieders ontsteltenis na een paar passen levenloos in elkaar!

De trouwe Johannes snelde toe, maakte het korset van de koningin los en zoog drie druppels bloed uit haar rechterborst. Daarop sloeg de koningin de ogen op, maar de dienaren van de jonge koning spraken schande over zoveel brutaliteit. De jonge koning, die het gedrag van de trouwe Johannes niet begreep, vond dat de maat nu wel vol was en zei toornig: 'Dit gaat echt te ver! Gooi hem in de gevangenis!'
Enkele dagen later moest de trouwe Johannes voor zijn rechters verschijnen, die hem prompt veroordeelden tot de strop.
Toen de trouwe Johannes onder de galg stond, keek hij de jonge koning recht in de ogen en zei: 'Alles wat ik heb gedaan, o koning, heb ik om uw eigen bestwil gedaan.' En toen vertelde hij wat hij van de drie raven had gehoord.
De jonge koning was door dit verhaal zeer geroerd en hij riep: 'Mijn trouwe Johannes! Hoe verblind ben ik geweest! Laat hem vrij, laat hem meteen vrij!'
Maar de trouwe Johannes was, meteen na het uitspreken van het laatste woord van zijn verhaal, veranderd in een stenen beeld.

De jonge koning wist met zijn droefheid geen blijf. En omdat hij zoveel van de trouwe Johannes had gehouden, liet hij het beeld in zijn slaapkamer naast zijn bed plaatsen. Vaak zat hij daar naar het beeld te kijken en dan weende hij bittere tranen.

Een jaar na de bruiloft schonk de koningin het leven aan een tweeling, een jongen en een meisje, die opgroeiden in schoonheid en verstand.

Op een dag, terwijl de koningin naar de kerk was, was de tweeling op de slaapkamer van de koning aan het spelen en hun vader zat treurig bij het beeld van de trouwe Johannes en zei: 'Ach, Johannes! Deze vreugde had je nog moeten ervaren!'

En opeens sprak het beeld: 'Je kunt me weer levend maken, als je bereid bent het dierbaarste wat je hebt voor mij op te offeren!'

'O, Johannes,' zei de jonge koning, 'niets is mij te veel om jou het leven terug te schenken! Zeg me wat ik moet doen!'

Het beeld zuchtte diep en zei: 'Het is niet gering wat ik je vraag, o koning!'

'Mijn trouwe Johannes, zeg het mij alsjeblieft!'

'Het dierbaarste wat je hebt zijn je kinderen,' zei de trouwe Johannes. 'Ik kan alleen weer tot leven komen wanneer je hun zelf het hoofd afslaat en mijn beeld insmeert met hun bloed!'

De jonge koning kon geen woord uitbrengen, zo ontsteld was hij. Maar na rijp beraad pakte hij zijn zwaard en hakte zijn beide kinderen het hoofd af. En nauwelijks had hij met hun bloed het beeld ingesmeerd, of daar stond de trouwe Johannes springlevend voor zijn meester!

'Zoveel grootmoedigheid kan niet onbeloond blijven!' zei de trouwe Johannes. En hij zette de afgehakte hoofden van de kinderen terug op hun lichaam en zie!, daar sprongen ze alweer vrolijk in het rond alsof er niets gebeurd was!

De jonge koning kon zijn vreugde niet op en toen hij de paleiswacht de terugkomst van de koningin hoorde aankondigen, verborg hij zijn twee kinderen en de trouwe Johannes vlug in een kast.

De koningin kwam binnen en zei: 'Ik heb voor de trouwe Johannes gebeden.'

'Wat zou je ervoor overhebben om hem weer levend te krijgen?' vroeg de jonge koning.

'O, alles, werkelijk alles!' zei de koningin. 'Hij was ons zo dierbaar!'

'Zou je voor hem het leven van je eigen kinderen willen geven?'
De koningin werd zeer bleek. 'Mijn eigen kinderen!' zei ze, diep geschokt. Ze slikte. 'Als dat werkelijk zou moeten, ja. Hij heeft zich voor ons opgeofferd en het zijn wij die hem zo ongelukkig hebben gemaakt!'
Toen vertelde de jonge koning tot grote ontzetting van de koningin wat hij had gedaan. En toen opende hij de kast en daar sprongen de trouwe Johannes en de twee koningskinderen gezond en wel naar buiten! En als ze niet gestorven zijn, dan leven ze nog.

Deze al gelezen?

Er was eens een boek vol sprookjes. Grappige, spannende, romantische en griezelige sprookjes waarin een heleboel kleurrijke personages woonden. Lieve feeën, boze stiefmoeders, gevaarlijke wolven, domme keizers, leuke kabouters, charmante prinsen, kwaadaardige heksen en andere vreemde wezentjes. Ze hadden allemaal dezelfde wens: gelezen of voorgelezen worden.

Stap een fantastische wereld binnen. Wandel met Roodkapje in het bos, kus Doornroosje wakker, speel verstoppertje met de zeven geitjes, ga met Assepoester naar het bal en versla samen met Hansje en Grietje de boze heks. Op zoek naar een mooi en gelukkig einde…

HENRI VAN DAELE maakte een selectie van de mooiste sprookjes en vertelde ze opnieuw voor kinderen van vandaag. Een heerlijk boek om samen of alleen te lezen. Verdwaal tussen de verrassend mooie verhalen en droom weg bij de schitterende illustraties van Gouden Griffel-winnaar THÉ TJONG-KHING.